당당하고 자유로운 생활을 위한

# 고령자 운동 프로그램

당당하고 자유로운 생활을 위한

# 고령자 운동 프로그램

초판 1쇄 찍은 날 · 2008년 11월 25일 | 초판 1쇄 펴낸 날 · 2008년 11월 30일
**엮은이** · 은천노인복지회 편 | **펴낸이** · 김승태
글쓴이 · 김현수, 주정화, 김연정, 손신애
**등록번호** · 제2-1349호(1992. 3. 31) | **펴낸 곳** · 예영커뮤니케이션
**주소** · (136-825) 서울시 성북구 성북1동 179-56 | **홈페이지** www.jeyoung.com
**출판사업부** · T. (02)766-8931  F. (02)766-8934  e-mail: edit1@jeyoung.com
**출판유통사업부** · T. (02)766-7912  F. (02)766-8934  e-mail: sales@jeyoung.com

ISBN 978-89-8350-728-0(93330)
copyright ⓒ2008, 은천노인복지회

## 값 8,000원

당당하고 자유로운 생활을 위한

# 고령자 운동 프로그램

김현수 서문
은천노인복지회 편
주정화, 김연정, 손신애 책임연구

예영커뮤니케이션

# 차례

# 발간사

1990년 초에 일본을 방문하는 기회가 있었다. 그 때 상지대학교 사회복지학과 교수였던 마찌모도 교수가 하는 말이 현재 일본에서는 재활치료로서 물리치료보다는 생활치료라는 프로그램을 개발하여 상당히 활성화 되고 있다는 것이다.

그 생활치료라는 프로그램이 어떻게 진행되고 있는지 살펴보기 위해서 동경 고사이게아센터를 견학 방문하게 되었다. 프로그램 진행 과정을 주의 깊게 살펴보면서 마찌모도 교수가 말한 생활치료를 이해하게 되었고 상당히 적절하고 타당한 프로그램으로 나의 머리에 각인되었다.

데이케어(Day Care) 서비스를 이용하는 뇌졸중 환자들은 이미 병원에서 물리치료 기구를 통해 재활치료를 받은 환자들이므로 굳이 집에서 물리치료에 의존하는 것보다는 일상생활 속에서 평상시 생활하던 습관대로 즐겁고 자유롭게 운동 환경에 익숙해지는 것이 훨씬 바람직하다는 생각을 하게 되었다.

왜냐하면 물리치료는 기계와 물리치료사가 있어야 하지만 생활치료는 본인이 즐겨 사용하는 기구를 가지고 조력자 없이 혼자서 언제나 쉽게 즐길 수 있는 운동 프로그램이기 때문이다. 운동을 매개로 한 생활치료라는 프로

그램은 우리나라 데이케어 서비스에도 적절하다고 판단되어 우리 은천주간
보호센터에서도 물리치료라는 용어를 줄이고 일상생활동작훈련이라는 용
어로 사용하며 일상생활훈련에 중점을 두고 있다.

현재 우리나라의 데이케어 서비스 실태는 물리치료기기가 고가임에도
불구하고 물리치료기기가 없는 시설은 프로그램이 미약한 것으로 인식하고
있는 경향이 많다. 실상 물리치료기기를 구비해 놓은 시설도 물리치료사 구
하기가 여간 어려운 실정이 아니다. 물리치료사들의 근무환경 선호도를 살
펴보면 우선 병원과 대형 시설 근무를 선호하고 있기 때문에 데이케어센터
(Day Care Center) 같은 작은 시설에서는 물리치료사 구하기가 참으로 어
려운 과제이다.

우리 시설도 예외는 아니어서 물리치료사 이직을 여러 번 경험하면서 물
리치료사가 있어야 가능한 물리치료보다는 운동을 통한 생활치료 측면에서
프로그램을 구성하고 실험과정을 통한 연구계획을 세우게 되었다.

마침 노년학회에서 나의 뜻과 동일한 생각을 갖고 계신 서울산업대학교
김현수 교수님을 만났다. 뇌졸중 노인들의 데이케어 서비스와 관련하여 재
활치료로서 물리치료보다 운동을 매개로 한 생활치료에 대한 나의 뜻을 전
하며 연구에 참여해 주실 것을 간곡히 부탁하여 김현수 교수님의 지도하에
서울산업대학교 스포츠건강학과 대학원 주정화, 김연정, 손신애 학생과 같
이 은천주간보호센터에서 6개월간 실험연구를 하게 되었다. 이제 6개월의
실험 자료를 분석한 연구결과를 한 권의 책으로 엮어 생활치료의 필요성을
전하고자 한다.

연구 과정을 마치고 결실을 맺고자 마무리 하는 과정에서 감사의 뜻을
전하고 싶은 몇 분이 계셔서 고맙다는 인사를 드리는 바이다. 6개월간의 연
구를 진행할 수 있도록 연구비를 지원해 주신 한림대학교 고령화 친화 전문
인력육성사업단 단장 윤현숙 교수님께 깊은 감사를 드리며, 연구 프로그램

을 구성하시고 지도해 주신 김현수 교수님과 집필 작업에 참여해 주신 주정화 선생, 김연정 선생, 손신애 선생, 그리고 은천주간보호센터 직원 모두에게 감사드린다.

2008. 11. 20.

은천노인복지회 회장 이병만

# 서문

　운동을 통하여 사람의 몸을 건강하게 하는 운동과학은 이론의 현장 접목과 실험 실습이 병행되어야 한다는 점을 생각하면 이 현장지원 운동 프로그램은 매우 의미 있는 일이다.

　우리 연구실에서는 뇌졸중 환자를 대상으로 한 개개인의 기능회복과 삶의 질을 개선시키겠다는 일념으로 운동을 열심히 지도하였다. 그리고 프로그램의 성과를 학회에 발표하는 것도 필요하지만, 운동 프로그램 내용을 책으로 발간하여 복지관, 가정 또는 어디에서든지 누구나 고가의 기구 없이 쉽게 진행할 수 있는 프로그램을 보급하는 것 역시 중요하다고 생각한다. 마침 뇌졸중 환자의 운동요법에 대해 평소 관심이 많으셨던 은천노인복지회 이병만 회장님은 우리 산업대학교 연구팀과 함께 운동요법의 도입을 적극적으로 추진하셨고 환자들이 좋아지는 것을 확인하시고 학회모임 등에서도 운동의 필요성을 역설하시는 모습을 여러 차례 볼 수 있었다.

　현재 뇌졸중 환자를 대상으로 운동을 체계적으로 지도하는 곳은 많지 않은 것 같다. 물론 이 책에서 소개하고 있는 프로그램 내용들이 완전하다고는 할 수 없다. 따라서 운동생리학자를 중심으로 한 다양한 전문가들이 과학적인 자료에 근거한 운동요법을 개발할 필요가 있다.

본인이 몇 년 전에 북부노인복지관 시설을 이용하는 뇌졸중 환자분들에게 운동을 시켰을 때의 일이다. 일정기간의 운동 프로그램을 마쳤을 때 한 분이 나를 껴안으면서 하시는 말씀이 '지금까지 비가 와도 우산을 사용하지 못하였는데 이제 사용할 수 있다'라면서 고마워하셨다. 그 당시 가슴이 찡하는 것을 느꼈다. 이것이 바로 운동지도자의 보람이 아닌가 싶다.

끝으로 이와 같은 운동 프로그램이 원활하게 수행될 수 있도록 물심양면의 도움을 주신 은천노인복지회 이병만 회장님과 한림대학교 고령화 친화 전문인력육성사업단 단장 윤현숙 교수님께 감사의 말씀을 드린다. 그리고 이 프로그램을 처음부터 마지막까지 잘 마무리해준 대학원생 주정화, 김연정, 손신애에게도 감사의 뜻을 전한다. 앞으로도 우리 연구실에서는 건강한 노인뿐만 아니라 허약한 노인, 뇌졸중 환자, 그리고 치매 노인의 신체기능이 향상되도록 현장 방문을 통하여 연구하고 협력할 것을 약속드린다.

김현수 교수(서울산업대학교 스포츠건강학과)

# Section1
# 뇌졸중의 이해

# 1. 뇌졸중이란?

뇌는 우리 몸의 운동을 조절하고, 외부로부터의 정보를 처리하며, 다른 사람들과 의사소통을 할 수 있게 합니다. 뇌졸중은 뇌혈관 질환을 말하며 한의학에서는 중풍이라고 합니다. 뇌혈관 질환은 크게 '허혈성' 뇌혈관 질환과 '출혈성' 뇌혈관 질환으로 나눌 수 있으며 일반적으로 이것을 합쳐서 뇌졸중이라고 합니다. 이것은 뇌에 혈액을 공급하는 혈관이 막히거나(뇌경색) 터져서(뇌출혈) 뇌의 일부가 활동을 멈출 때 일어납니다.

뇌는 혈액을 통해서 공급되는 많은 양의 산소와 영양소를 소모합니다. 뇌졸중의 가장 큰 원인은 영양소를 공급하는 혈관이 막히는 뇌경색이 많으며(80%), 그 중에서도 약 60%는 혈액 내를 떠도는 피떡(색전)으로 인해 막히는 것입니다. 이렇게 뇌혈관이 막히게 되면 뇌세포는 포도당과 산소의 부족으로 정상적인 활동을 하지 못하게 되어 죽게 됩니다. 뇌졸중의 다른 원인은 뇌혈관의 파열된 뇌출혈, 뇌동맥류, 뇌종 정맥기형 등 다양합니다.

뇌졸중의 증상은 뇌의 어느 부분이 손상을 입었는가에 따라 다릅니다. 따라서 분류하는 데 상당한 어려움이 있습니다. 가장 흔한 형태는 오른쪽 안면, 팔, 다리에서 힘이 빠지는 것입니다. 뇌졸중이 발생하면 팔다리 마비, 언어장애, 시력장애, 조정기능 손상 등의 문제가 생깁니다. 하지만 이러한 증상이 24시간 내에 정상으로 회복되는 경우가 있는데 이를 일과성 허혈발작이라 합니다. 이것은 장래 뇌졸중 발생의 위험을 높임으로 심각하게 받아들여야 하며 뇌종양, 간질발작, 편두통 등 많은 질환의 증상들이 뇌졸중과 비슷한 증상을 갖고 있으므로 선부르게 판단하지 말아야 합니다.

또한 많은 사람들이 뇌졸중과 심장발작을 혼동합니다. 심장발작이 심장에 공급되는 혈액이 차단되어 생기는 것이라면 뇌졸중은 뇌로 보내지는 혈액이 차단되어 생기는 것입니다. 둘 다 혈액의 차단에 기인하여 생기는 현상이긴 하지만 심장발작은 갑작스런 가슴과 팔의 통증과 함께 일어나는 반면, 뇌졸중은 통증 없이 마비, 언어장애, 시력장애, 균형감 상실 등의 증상이 다양한 조합으로 나타납니다. 최근에 일부의 뇌졸중 전문가들은 뇌졸중을 '뇌발작 (brain attack)으로 바꿔 부를 것을 제안했는데 이는 의료인이나 일반인에게 뇌졸중이 심장발작만큼 중요하다는 것을 일깨워 주기 위해서입니다.

앞으로 소개 될 내용은 뇌졸중 환자의 운동방법에 대한 것입니다. 뇌졸중 초기의 환자들에게는 적용하기 다소 무리한 동작이므로 증상이 시작되고 최소 6개월 이상 지난 환자들에게 실시하도록 해야 합니다. 운동의 내용은 기능의 회복을 위해 혼자 또는 보조자의 도움을 받아 실시하는 운동방법입니다.

# 2. 뇌졸중의 증상

가. 편마비

편마비는 운동신경마비 증상으로 운동신경은 대뇌에서 내려오다가 연수에서 좌우가 교체되기 때문에 한쪽 뇌에 이상이 생기면 반대쪽에 마비가 오게 됩니다. 예를 들어 우측 대뇌에 병소가 있으면 좌측 팔, 다리에 마비가 오게 됩니다.

나. 언어장애

뇌졸중이 발생하면 갑자기 언어장애가 오는 경우가 있는데, 이것은 좌측대뇌 반구의 이상으로 오며 오른손잡이의 90%, 왼손잡이의 70%에서 좌측 대뇌에 언어중추가 있기 때문입니다. 따라서 언어장애는 우측반신불수와 동반되는 경우가 많고, 상대적으로 좌측 반신불수일 때는 언어장애가 적게 나타나며 나타난다 하더라도 경미한 것이 보통입니다.

다. 복시 및 반맹증

복시는 뇌간에 혈관이 막힌 경우에 주로 나타나며 한 물체가 두 개 혹은 그 이상으로 겹쳐 보이는 것을 말합니다. 이러한 증상은 눈동자를 움직이는 신경에 이상으로 양측 눈의 축이 어긋나게 되므로 한 물체를 볼 때 양쪽 망막의 서로 다른 부위에 상이 맺히기 때문입니다. 반맹증은 시야의 반이 손상되는 것으로 후두엽이 파괴되거나 시각 자극 통로가 차단되면 우측이나 좌측 반쪽을 볼 수 없게 됩니다. 손상 받은 시야는 몸의 마비된 편과 같은 쪽에 옵니다.

### 라. 두통 및 구토

갑자기 심한 투통과 반복적인 구토가 나타나는데 이것은 고혈압으로 인하여 뇌압이 갑자기 높아져서 생기는 현상입니다. 혈관이 막혀서 생기는 경우보다는 혈관이 터져서 나오는 출혈성 뇌졸중일 때 많이 나타납니다.

### 마. 연하곤란

연하곤란은 음식을 삼킬 때 목구멍에서 잘 넘어가지 않는 증상으로 음식을 삼키는 것은 여러 신경이 함께 작용하는 복잡한 과정으로 병소 부위가 넓은 중증일 때나 뇌간에 혈관이 막히는 경우에 나타납니다.

### 바. 의식장애

뇌졸중의 정도가 심한 경우 또는 뇌간에 장애가 왔을 때 의식장애가 나타나며 경한 장애는 초기에 나타날 수 있으나 곧 회복되는 경우가 많으며 혼수상태는 예후가 나쁩니다.

### 사. 어지럼증

뇌간으로 가는 혈액공급이 부족할 때 올 수 있는 증상으로 주위의 물체가 빙글빙글 도는 것 같다거나, 자신이 취한 사람 같은 느낌을 가지는데, 심하면 메스껍고 토하기까지 하며 몸의 균형을 잡지 못합니다. 속귀의 질병 때문에 생기는 어지럼증과 구별하기 힘들 때도 있지만 뇌졸중 환자는 운동 및 감각장애 등의 신경학적 이상소견을 동반하는 경우가 많습니다.

### 아. 감각장애

감각신경도운동신경과 마찬가지로 좌우가 교차하므로 우측 뇌에 이상이 있으면 좌측에 이상감각이 생깁니다. 남의 살 같거나 저리고 벌레가 기어 다니는 듯한 느낌이 나고, 촉각이나 통각이 둔해집니다. 즉 양측을 동시에 자극을 주면 어느 한쪽의 감각이 둔해집니다.

### 자. 요실금

일시적으로 요실금을 보일 수 있습니다. 정신혼돈이나 언어장애, 운동기능과 자세조절 기능이 손상되어 변기 사용이 어려운 경우에 올 수 있습니다.

### 차. 정신활동의 결손과 심리적 영향

뇌의 앞부분이 손상되면 학습능력 및 기억력 장애와 함께 집중력 장애, 이해력 부족, 건망증 등이 나타납니다. 이러한 문제는 우울증을 일으키고 정서적 불안정, 비협조적인 태도를 보일 수 있습니다.[1]

---

1 강현숙, 김원옥, 김정화, 왕명자. 2004. 뇌졸중 후 대상자의 즐겁고 자신 있는 삶을 위하여, p 12~13.

# 3. 뇌졸중에 대하여 잘못 알려진 상식 11가지

1. 갑자기 증상이 발생했을 때에는 응급조치로 안정제를 먹여 안정시키고, 손발끝을 바늘로 찔러서 피를 빼 주는 것이 좋다.

⇒ 뇌졸중이 생겼다고 의심되면 지체 없이 신경과 진료가 가능한 병원의 응급실로 환자를 옮겨 신속히 치료하는 것이 제일 중요합니다. 뇌졸중이 생기면 많은 경우에 의식이 감소되므로 무리하게 안정제나 물을 먹이면 기도를 통해 폐로 넘어가서 치료하기 힘든 흡인성 폐렴을 유발할 수 있습니다. 또한 이 상황에서 손발 끝의 피를 빼는 것은 도움이 되지 않으며 오히려 시간만 허비하여 빠른 치료에 방해가 될 수 있습니다.

2. 노인이 되면 오는 병이기에 나이가 들면 피할 수 없다.

⇒ 뇌졸중은 위험인자에 의해 이차적으로 생기는 병입니다. 위험인자란 뇌졸중을 유발하는 원인이 되는 병이나 요인들을 통틀어 가리키는 말로써 여기에는 고혈압, 당뇨병, 고지혈증(피안에 지방성분이 증가되는 병), 흡연, 비만, 먹는 피임약 등이 포함됩니다. 평소에 이 위험인자를 예방하고 잘 치료가 된다면 뇌졸중의 발생을 충분히 피할 수 있습니다.

3. 노인들에서만 생기는 병이므로 젊거나 중년의 나이에서는 걱정할 필요가 없다.

⇒ 식생활이 서구화되고 풍족해지면서 당뇨병, 고혈압, 고지혈증, 비만 등의 성인병이 증가되어 요즈음에는 중년의 나이에서도 뇌졸중의 발생이 증가하고 있는 추세입니다. 젊은 여성이 먹는 피임약을 복용하는 경우에도 뇌졸중의 위험성이 증가됩니다. 또한 목 혈관(경동맥) 주위에 외상을 받으면 혈관 안벽이 손상되고 이로 인하여 뇌경색이 유발되기도 합니다.

4. 뇌혈관이 막혀서 생긴 모든 뇌경색은 뇌혈관을 뚫어주는 약을 쓰면 완전히 회복될 수 있다.

⇒ 뇌경색은 크게 혈전(피떡)에 의해 서서히 혈관이 막혀서 생기는 혈전성 뇌경색과 혈전이 심장이나 목의 큰 혈관(경동맥)에서 생긴 후 떨어져 나와 뇌혈관을 막게 되는 색전성 뇌경색으로 나뉩니다. 혈관을 막은 혈전을 녹이는 혈전용해술은 색전성 뇌경색이 생긴 환자가 증상 발생 후 3시간 이내에 병원에 도착한 경우에 시행을 고려할 수 있습니다. 이 치료에는 유로키나제나 티피에이(TPA)와 같은 약물이 사용됩니다. 만약 이 치료가 성공하면 증상은 완전히 없어지거나 상당히 좋아지지만, 일부 환자에서는 뇌내출혈이 합병증으로 생겨서 생명이 위독해지기도 하므로 신중한 결정이 필요합니다.

5. 다른 병처럼 일단 회복되면 더 이상 병원에 다닐 필요가 없다.

⇒ 위험인자에 포함되는 고혈압, 당뇨병, 고지혈증 등은 완치되는 병들이 아니고 치료약을 복용하면서 평생 동안 조절해 나가는 병이 대부분입니다. 또한 뇌경색인 경우에 재발을 방지하기 위하여 항혈소판제나 항응고제도 계속 복용해야 하므로, 한 번 뇌졸중이 생겼던 환자는 대부분 평생 동안 지속적인 치료를

받아야만 합니다.

6. 신체 마비가 일시적으로 생겼다가 하루 이내에 완전히 회복되었다면 진찰이나 치료를 받을 필요가 없다.

⇒ 일시적으로 마비가 생겼다가 회복되었다면 일과성 허혈발작이 생겼다고 볼 수 있습니다. 이것은 뇌졸중의 증상들(반신마비, 언어장애, 발음장애, 연하곤란, 비틀거림, 시야장애, 의식장애, 어지럼증, 복시현상 등)이 생긴 후 24시간 내에 완전히 회복되는 경우를 말합니다. 이것은 거의 모두 재발하여 뇌경색을 가져오므로 중대한 경고증상으로 받아들여서 빨리 신경과 의사의 진찰과 치료를 받아 재발하지 않도록 해야만 합니다.

7. 뇌졸중은 유전된다.

⇒ 대부분의 경우에는 뇌졸중 자체가 유전되지는 않습니다. 다만 흔한 위험인자인 고혈압, 당뇨병, 고지혈증과 같은 병들이 유전되는 경향이 있기에 가족성향으로 발생하는 경우가 많게 되고, 따라서 이 병들에 의하여 이차적으로 생기는 뇌졸중도 가족성향으로 발생하는 것처럼 보이게 되는 것입니다. 만일 가족 중에 뇌졸중 환자가 있을 때에는 막연히 유전되지 않을까 걱정하지 말고 본인에게도 위험인자가 있는지 검사를 받아 보는 것이 필요합니다.

8. 신체마비 증상은 한 번 생기면 회복되지 않는다.

⇒ 뇌조직이 한 번 손상을 받으면 재생되는 것은 어렵지만 시간이 지나면 뇌기능이 재배치되어서 신체마비는 상당히 회복될 수 있습니다. 회복 기간은 보통 수 개월 동안 지속됩니다. 이러한 회복을 촉진시키고 관절이 뻣뻣하게 굳어지는 것을 방지하기 위하여 체계적이고 지속적인 재활치료가 상당히 중요합니다.

9. 재활치료는 눈에 띄는 효과가 없기 때문에 장기간 받을 필요가 없다.

⇒ 재활치료는 후유증으로 신체기능의 장애가 남을 때에 기능회복을 위하여 시행하며 뇌졸중이 생긴 후 가급적 빨리 시작하여 체계적이고 지속적으로 하는 것이 좋습니다. 재활치료의 대상은 운동장애, 언어장애, 연하곤란(음식물을 삼키기 어려움), 경직(뇌졸중의 치료 중에 생기는 팔다리가 뻣뻣해지는 증상)과 같은 증상들입니다. 물론 이러한 재활치료가 단기간에 뚜렷한 효과가 없을 수도 있지만, 장기간 동안 꾸준히 시행하면 환자가 일상생활에 적응하고 더 나아가 다니던 직장에 복귀하는 데 커다란 도움이 됩니다.


10. 치매와는 전혀 무관한 병이다.

⇒ 드물게 뇌의 시상이라는 특별한 부위에 작은 뇌경색이 생겨도 치매증상이 생길 수 있지만, 이러한 경우는 흔하지 않습니다. 작은 뇌경색들이 이러한 특별한 부위가 아니더라도 뇌의 여러 곳에 반복적으로 생기면 뇌기능이 전반적으로 감소되어 치매증상이 유발될 수 있습니다. 이러한 것을 다발경색성 치매라고 부르는데 중요한 사실은 알쯔하이머병과 같은 퇴행성 치매와는 달리 뇌경색을 치료하면 증상이 상당히 호전되고 악화되는 것도 예방할 수 있다는 점입니다. 명심해야 할 것은 가벼운 뇌경색 증상이라도 반드시 치료하여 재발을 방지해야 한다는 사실입니다.


11. 뇌졸중은 침으로 다스려야 한다.

⇒ 위에서 언급한 바와 같이 뇌졸중은 발생 후 몇 시간 이내의 적극적인 치료가 환자의 회복 정도에 가장 중요한 영향을 미칩니다. 그러므로 이 때 침을 맞는다고 시간을 허비하게 된다면 오히려 증상을 악화시킬 수도 있습니다. 큰 규모의 한방병원에서조차도 급성기에는 현대 의학적인 진단과 치료를 시행하려는

경향이 있는 점은 시사하는 바가 크다고 하겠습니다.

# Section2
# 사전검사

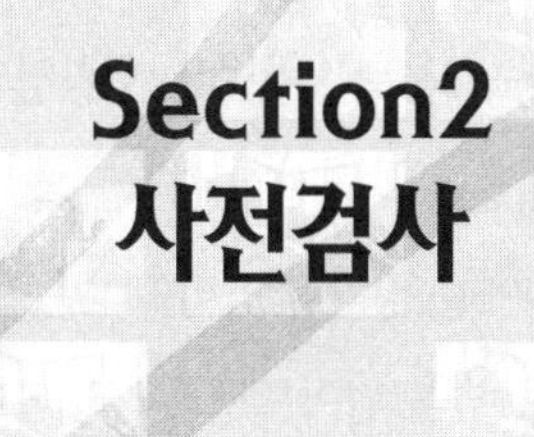

　　뇌졸중 환자를 위한 운동기능 측정방법은 재활영역에서 이미 많이 실행되고 있습니다. 그러나 그 방법들은 특별히 훈련되지 않은 일반인들이 사용하기에는 다소 어려워 전문인 이외에는 평가할 방법이 없는 것이 실정입니다. 이에 간단히 운동기능을 평가하는 방법을 알아보도록 하겠습니다. 아래의 것은 미국의 SFT(노인 체력 검사와 평가)에 기초를 두고 실시하는 방법입니다. 비록 뇌졸중 환자만을 위한 평가도구는 아니지만 체력수준이 낮은 노인들도 실시할 수 있는 도구이기 때문에 어느 정도 안정성이 보장된다고 할 수 있습니다. 또한 혈액검사, Berg Balance Test, 일상생활능력 설문, 우울도 설문을 통하여 앞으로 진행될 프로그램에 대하여 평가를 할 뿐만 아니라 개개인의 호전 상태를 알 수 있습니다.

# 4. 활동체력 측정하기
(첫 번째 시간)

가. 활동내용

  1) 서로 인사 나누기

    ⇒ 선생님과 옆 사람과 함께 인사를 합니다.

    "안녕하십니까? 저는 ○○○입니다. 만나뵙게 되어서 정말 반갑습니다. 앞으로 6개월 동안 서로 활기차고 즐거운 시간이 되도록 노력해봅시다."

    ⇒ 이 이외에도 자신이 하고 싶은 말이나 앞으로의 포부에 대해 생각하고 말해봅니다.

  2) 활동체력 알아보기

    ⇒ 활동체력을 알아보기 위한 체력측정을 실시합니다.

나. 활동의 목적

  1) 대상자의 체력수준을 알아본다.

  2) 대상자의 체력수준을 파악하여 적절한 운동 프로그램을 계획한다.

  3) 대상자의 체력수준을 파악하여 적절한 운동 강도를 설정한다.

다. 준비물

초시계, 악력계, 덤벨(여자 2kg, 남자 3kg), 간이의자, 50cm자, 고깔, 체중계, 줄자


라. 활동체력 측정하기

1) 상지근기능

2) 하지근기능

3) 동적 평형성

4) 정적 평형성

5) 유연성


⇒ 별첨 1을 참고하여 측정하는 법을 익혀봅시다!!!

# 5. 놀이 활동 – 오재미 놀이
### (두 번째 시간)

가. 활동내용

　1) 활동체력 알아보기

　　⇒ 활동체력 중 전신지구력을 알아보는 6분 걷기를 실시합니다.

　2) 놀이 활동

　　⇒ 운동을 시작하기 전 서로 친해질 수 있는 시간과 운동의 적응기간을
　　줄 수 있는 놀이 활동을 합니다.


나. 활동의 목적

　1) 대상자의 전신지구력을 알아본다.

　2) 대상자의 체력을 파악하여 적절한 운동 프로그램을 계획한다.

　3) 대상자의 체력을 파악하여 적절한 운동 강도를 설정한다.

　4) 놀이를 통하여 소속감을 준다.

　5) 놀이를 통하여 운동 전 적응기간을 갖는다.

다. 준비물

1) 6분 걷기 : 고깔, 초시계, 막대기, 줄자, 펜, 종이

2) 놀이 활동 : 색깔이 다른 오재미 4종류 이상 (각 색깔마다 2개씩 이상),
점수판을 그릴 수 있는 전지, 2가지색 이상의 유성펜, 점수기록 판


라. 활동체력 측정하기

1) 6분 걷기 ⇒ 별첨 1을 참고하여 측정하는 법을 익혀봅시다!!!


마. 놀이 활동

1) 오재미 던지기

▶ 준비

ㅁ 인원 : 한 팀 인원이 최소 4명 이상 가능하며 6명이 되지 않게 팀을
나눕니다.


▶ 게임방법

○ 각 팀의 이름을 짓습니다.

○ 각 팀의 선수 한 명씩 나와서 원하는 오재미 색을 고른 후 바닥에 놓
인 점수판을 향해 던집니다.

○ 오재미를 던질 때는 건측과 환측을 이용하여 각각 2번씩 던집니다.

○ 시작점과 점수판의 거리는 환측은 20~50cm, 건측은 3m 이상으로
합니다.

○ 점수판은 원을 이용해서 그리거나 사각형을 이용해서 그리며 각각
의 영역에 점수를 써 넣습니다. (너무 작지 않게 그립니다.)

○ 건측을 먼저 이용하여 오재미를 던진 후, 앞으로 다가가 미리 설정해

놓은 선 앞에서 환측을 이용하여 다시 한 번 던집니다.
O 다음 주자가 나와서 앞 사람과 같은 방법으로 실시합니다. (오재미 색은 원하는 색으로 고르게 합니다.)
O 각 팀별로 모든 선수들의 게임이 끝난 후 총 점수를 합산하여 우승 팀을 가립니다.

▶ 운동효과
O 팔의 힘 조절력에 의한 정확도 향상, 색깔 선택 시 두뇌 회전운동, 균형성, 다리와 허리 근육의 적절한 진전, 공간 지각력과 정확성, 상황 판단력 강화

# 6. 혈액검사하기
(세 번째 시간)

## 가. 활동내용

1) 혈액검사하기

⇒ 뇌졸중 환자는 고혈압, 고콜레스테롤혈증, 고지혈증이 문제가 되는
경우가 많기 때문에 혈액검사를 통해 조절해야 하는 수치를 아는 것이
중요합니다.

## 나. 활동의 목적

1) 대상자들의 혈중 지질상태를 알아본다.
2) 대상자들의 호모시스테인 농도를 알아본다.

## 다. 준비

병원이나 혈액을 검사할 수 있는 센터를 찾아 검사를 의뢰합니다.

라. 혈액검사

   1) 총 콜레스테롤

   2) 저밀도 콜레스테롤

   3) 고밀도 콜레스테롤

   4) 중성지방

   5) 호모시스테인

# 7. Berg Balance Test

(네 번째 시간)

가. 활동내용

1) Berg Balance Test (60분)

⇒ 대상자의 균형능력을 알아보기 위하여 실시합니다.

나. 활동의 목적

1) 대상자들의 균형능력을 알아본다.

2) 균형능력을 향상시킬 수 있는 프로그램을 계획한다.

다. 준비물

Berg Test Balance 설문지, 스텝, 초시계, 색깔 있는 테이프, 손에 잡을만한 물건(쿠션 등), 의자

라. Berg Balance Test

⇒ 검사자가 대상자에게 다음의 지시사항을 말한 후 실시하게 하여 실시한 행위에 따라 점수를 매깁니다.

⇒ 별첨 2를 참고하여 측정하는 법을 익혀봅시다!!!

# 8. 일상생활 및 우울도 측정

(다섯 번째 시간)

가. 활동내용

1) 일상생활측정을 위한 설문조사

2) 우울도 측정을 위한 설문조사

나. 활동의 목적

1) 대상자의 일상생활능력을 알아본다.

2) 일상생활능력을 향상시킬 수 있는 프로그램을 계획한다.

3) 대상자의 기분(우울도)을 알아본다.

다. 준비물

⇒ 설문지, 펜

라. 설문내용 및 방법

1) 일상생활측정방법

일상생활을 얼마나 독립적으로 혼자서 할 수 있는가를 묻는 설문입니다. 설문지는 K-MBI 설문지를 사용합니다. 15문항으로 이루어져 있으며 대답은 5단계로 할 수 있습니다.

2) 우울도 측정 방법

현재 기분(우울상태)을 측정하는 설문입니다. 설문지는 단축형 우울도
설문지를 사용합니다. 15문항으로 이루어져 있으며 최근 2주 동안 기
분을 측정하는 것입니다.

# Section3
# 운동 적응기

신체활동이 미약했던 뇌졸중 환자에게 갑자기 운동을 시작하도록 하는 것은 무리입니다. 따라서 신체활동에 대한 적응기간을 주어야 하는데 본 프로그램에서는 가벼운 유산소 운동과 놀이가 이에 속합니다.

유산소 운동은 걷기, 에어로빅운동 등 산소를 소비하여 신체활동을 증가시키는 운동으로 심혈관의 건강을 좋게 합니다. 가벼운 유산소운동은 비만을 예방해주고 혈압을 낮춰 주며, 인슐린 저항성과 당 조절 능력을 개선하고, 순환하는 호모시스테인의 농도도 개선시킵니다. 뇌졸중 환자에게서 걷기운동은 보행능력의 향상도 기대할 수 있습니다. 따라서 유산소 운동은 뇌졸중의 예방과 치료에 효과적입니다.

뇌졸중 환자의 놀이는 정상인의 놀이와는 조금 다릅니다. 가장 큰 특징은 양손의 조화를 이루며 평형성을 강조하는 것들로 이루어져 있고. 특히 손과 발의 협응성을 요구하는 동작이 많습니다. 이후에 소개되는 놀이들은 놀이를 통해 자신이 모르는 동안 신체를 움직임으로써 의식하지 않는 신체활동을 통해 전신운동이 이루어질 수 있도록 유도하였습니다. 뇌졸중 환자에게 가장 필요한 주의집중을 높이기 위해 정적인 동작과 환측과 건측을 동시에 사용하는 동작들도 많이 포함되어 있습니다.

# 9. 놀이활동 - Ball Game
(여섯 번째 시간)

가. 활동내용

  1) 가볍게 공원을 돌아요.

  2) 즐거운 놀이 활동을 해봅시다.


나. 활동의 목적

  1) 유산소 운동을 통하여 뇌졸중의 개선을 가져온다.

  2) 환측과 건측의 운동이 조화롭게 이루어진다.

  3) 근력운동을 실시하기 전 신체활동에 대한 적응기간을 갖는다.


다. 준비물

  1) 가볍게 공원을 돌아요 : 시계

  2) 즐거운 놀이 활동을 해봅시다 : 비치볼, 의자, 카세트, 음악CD


라. 공원 돌기

  ⇒ 정해진 시간 동안 산책을 합니다. 걷는 강도는 아래와 같습니다. 천천

히 운동을 하더라도 그 날의 컨디션에 따라 운동 강도를 조절하여야 합니다.

적정한 운동 강도(분당 맥박수) =(220-자기나이) x 50~75%


마. 놀이 활동


◈ ball game – pass ball


▶ 준비
   □ 인원.: 6명 이상
   □ 소요시간 : 1시간


▶ 게임방법
   □ 방법
   ○ 6명 이상으로 한 팀을 이룬다.
   ○ 원의 형태로 의자를 놓고 앉는다.
   ○ 시작이라는 구호와 함께 음악을 켜고 공을 옆 사람에게 전달한다.
      이때 진행방향은 왼쪽으로 하며, 음악의 2절이 시작되면 오른쪽으
      로 방향을 바꿔준다.
   ○ 음악 한 곡이 끝날 때, 마지막으로 공을 가지고 있던 사람이 술래가
      되어 자리에서 일어나 중앙으로 가서 공을 들고 선다.
   ○ 술래는 중앙에 서서 두 손을 이용하여 앉아 있는 사람들에게 모두
      한 번씩 공을 던져 주고 다시 되받는다.
   ○ 한 바퀴를 다 돌고 나면 다시 제자리에 돌아와서 앉는다.
   ○ 다시 다른 음악을 켜고 옆으로 공을 전달한다.

▶ 응용게임

　○ 중앙에서 서서 공을 던질 때 원 바운드로 해서 전달할 수도 있다.


▶ 운동효과

　○ 삼두근, 손목의 스냅을 이용한 상완근 발달.

　○ 어깨와 허리의 유연성, 신체의 밸런스 운동.

　○ 눈과 팔의 협응성, 공간 지각력과 정확성 강화.

# 10. 놀이활동 – 버선 뒤집기
(일곱 번째 시간)

가. 활동내용

1) 가볍게 공원을 돌아요.

2) 즐거운 놀이 활동을 해봅시다.


나. 활동의 목적

1) 유산소 운동을 통하여 뇌졸중의 개선을 가져온다.

2) 환측과 건측의 운동이 조화롭게 이루어진다.

3) 근력운동을 실시하기 전 신체활동에 대한 적응기간을 갖는다.


다. 준비물

1) 가볍게 공원을 돌아요 : 시계

2) 즐거운 놀이 활동을 해봅시다 : 색이 다른 버선 4개, 탁자, 의자 2개, 점

수보드

라. 놀이 활동


◈ 버선 뒤집기


▶ 준비
　　□ 인원 : 3~4명씩 한 팀으로 구성하여 세 팀으로 나눈다.(인원이 많을
　　　　시에는 팀을 늘릴 수 있으나 의자수도 1~2개씩 늘린다)
　　□ 소요시간– 1시간


▶ 게임방법
　　○ 시작하기 전에 각 팀의 선수들은 원하는 색의 버선을 고르고, 팀 이
　　　름을 짓는다.
　　○ 고른 버선을 진행자가 미리 뒤집어 탁자 위에 올려놓는다.
　　○ 선택한 버선을 탁자 위에 올려놓고 미리 설정해 놓은 선 위에 서게
　　　한다.(각 팀 한 명씩, 이때 선은 탁자에서 80cm~1m로 한다.)
　　○ 탁자와 의자와의 거리는 4m~5m로 한다. (두 의자는 붙여놓지 않는
　　　다.)
　　○ 각 팀의 선수들은 서서 탁자를 보고 시작을 준비한다.
　　○ '시작'이라는 구호와 동시에 각 팀의 선수들은 천천히 제자리를 한
　　　바퀴 돈다.
　　○ 돌고 난 후 탁자 앞으로 걸어가서 버선을 뒤집어 원위치 시켜놓고
　　　뒤돌아서 뒤에 있는 의자를 향해 상대팀보다 최대한 빨리 돌아와 앉
　　　는다.
　　○ 세 팀 중 마지막으로 들어온 한 팀의 선수는 의자에 앉지 못한다.

○ 점수 매기기.

— 버선을 가장 빨리 뒤집은 팀 100점, 2등 50점

— 의자에 가장 빨리 앉은 팀 100점, 2등 50점

(이 때 비슷하게 도착하면 공동점수를 준다.)

○ 각 팀의 두 번째 주자에게도 원하는 색의 버선을 고르게 한다.

○ 모두 한 번씩 끝나고 나면 점수를 매겨 각 팀의 순위를 결정한다.

▶ 운동효과

○ 순발력, 민첩성, 손과 눈의 협응성, 보행 시 사용되는 모든 근육사
용, 색깔선택 시 두뇌 회전운동, 상황 판단력 강화

# 11. 놀이 활동 - 풍선 배구
(여덟 번째 시간)

가. 활동내용

1) 가볍게 공원을 돌아요.

2) 즐거운 놀이 활동을 해봅시다.


나. 활동의 목적

1) 유산소 운동을 통하여 뇌졸중의 개선을 가져온다.

2) 환측과 건측의 운동이 조화롭게 이루어져 보행에 도움이 되도록 한다.

3) 근력운동을 실시하기 전 신체활동에 대한 적응기간을 갖는다.


다. 준비물

1) 가볍게 공원을 돌아요 : 시계

2) 즐거운 놀이 활동을 해봅시다 : 풍선, 네트 혹은 노끈, 소리나는 작은
   방울이나 콩, 인원수에 맞는 의자

라. 놀이 활동

◈ 풍선 배구

▶ 준비

  □ 준비물 : 풍선, 네트 혹은 노끈, 소리 나는 작은 방울이나 콩, 인원수
    에 맞는 의자

  □ 인원 : 최소 4명 이상 두 팀으로 나눈다.

  □ 소요시간 : 1시간

▶ 게임방법

  ○ 풍선에 바람을 불기 전에 방울을 넣고 게임하기에 적당한 크기의 풍
    선을 만든다.

  ○ 중앙의 네트를 중심으로 두 팀으로 나눠서 앉는다.

  ○ 같은 팀끼리 너무 가까이 붙어 앉지 않도록 한다.

  ○ 양손 또는 양발을 이용하여 자기 팀 진영에 풍선이 떨어지지 않도록
    풍선을 쳐서 상대방 진영으로 넘긴다.

  ○ 상대방 진영 바닥에 풍선이 닿으면 1점씩 받는다.

  ○ 네트는 앉아 있는 평균 키에 대비하여 높이를 조정하고 대략 눈높이
    보다 조금 낮게 설치한다.

  ○ 풍선을 치기 위해서 살짝 일어서도 무방하나 서서 풍선을 기다리게
    하여서는 안 된다.

  ○ 10분정도의 시간을 정해 놓고 같은 팀끼리 앉아 있던 위치를 바꿔 앉
    는다.

○ 전후반으로 나눠 서로의 진영을 바꿔서 앉는다.


▶ 응용게임

　○ 공간이 넓은 체육관에서는 네트 높이를 가슴에서 어깨 사이의 높이
　　로 올려놓고 의자에 앉는 대신, 서서 게임을 진행할 수 있다. 또한
　　비치볼의 바람을 조금 빼어 이용할 수 있다.


▶ 운동효과

　○ 균형성, 눈과 손의 협응성, 손목의 스냅을 이용한 전완부위 근력운
　　동, 삼각근 및 견갑근의 근력강화, 보행 시 사용되는 모든 근육사용,
　　서서 게임을 할 경우 대퇴강화, 협동심 강화, 상황 판단력 강화, 이
　　두, 삼두, 삼각근의 발달.

# Section 4
## 준비운동

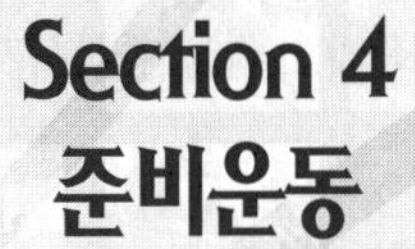

　　뇌졸중 환자의 일상생활동작의 능력을 향상시키는 것은 환자의 재활목표 달
성에 있어서 기초가 되는 중요한 문제입니다. 편마비 환자들의 재활에 있어서
상체의 기능 회복과 보행능력을 향상시키는 것은 매우 중요하며, 이것은 상체기
능과 보행이 뇌졸중 환자의 일상생활에 있어 기능적인 독립을 이루는데 꼭 필요
한 요소이기 때문입니다. 또한 편마비 환자들에게는 기능적인 독립뿐만 아니라
재발장지를 위한 노력이 아주 중요합니다. 따라서 규칙적인 운동을 통해 심혈관
질환의 발병을 줄여 재발의 위험도를 낮추는 노력을 해야 합니다. 아래 소개된
운동방법은 이경옥 등이 번역한 〈허약한 노인들을 위한 운동〉을 참고로 하여 뇌
졸중 환자에게 맞도록 프로그램화 한 뒤 진행된 것입니다.

# 12. 준비 운동을 배워봅시다
(아홉 번째 시간)

가. 활동내용

1) 준비운동을 배워봅시다.

2) 관절을 부드럽게 하는 운동을 배워봅시다.

3) 오늘 배운 것을 집에서 할 수 있도록 하는 시간을 갖습니다.


나. 활동의 목적

1) 준비운동을 배우며 관절을 부드럽게 하여 활동범위를 넓혀준다.

2) 관절가동범위를 넓혀 일상생활에 도움을 준다.

3) 관절의 경직을 예방한다.

4) 오늘 배운 준비운동을 집에서도 할 수 있도록 한다.

다. 준비물

　운동을 실시하기 위한 의자 및 배치

## 프로그램 전 준비사항

　모임 준비사항을 확인한 후 당일 모임 10분 전까지 모임에 필요한 준비사항을 완료합니다. 모임준비의 진행은 크게 모임 준비물 준비와 자리정돈을 나눌 수 있습니다.

　자리 정돈은 반원의 부채꼴로 만드는 것을 기본으로 하며, 진행자의 운동하는 모습이 잘 보이도록 하는 것이 좋습니다. 또한 대상자들이 운동하는데 서로 방해가 되지 않도록 1m씩 간격을 두는 것을 기본으로 합니다.

# 준비운동을 배워봅시다

## 1) 똑바로 앉기

▶ 척추의 라인을 자연스럽게 만들기 위함입니다.


## ◆ 크게 호흡하기

숨을 들이쉬면서 배가 충분히 팽창될 수 있도록 합니다. 다시 내 쉴 때에는 복부가 안으로 쑤~욱 들어갈 수 있도록 합니다.

### ◈ 똑바로 앉기

의자 등받이에 엉덩이를 대고, 척추를 똑바로 펴고 앉습니다. 크게 호흡하면서 가슴이 올라가고 부푸는 것을 느껴봅니다. 어깨에 힘을 빼고 목과 턱이 바닥과 나란해지도록 합니다.

## 2) 관절을 부드럽게 하는 운동

◈ 관절을 부드럽게 하는 운동

멈추지 않고 6~8회 반복합니다. 다만 양쪽 다리를 동시에 하지 않도록 합니다.

# 다리 부분

## ▶ 앉은 자세에서 다리 들어 둥글게 둥글게

바르게 앉도록 합니다. 손은 편한 자세를 취하는 것이 좋으나 균형에 문제가 있다면 의자 옆 부분을 잡도록 합니다. 한쪽 다리 전체를 들어 올려서 무릎을 한 방향으로 돌려 줍니다(위→바깥쪽→아래→안쪽). 다른 쪽 다리도 실시합니다. 5~8회 반복하도록 하고 처음 운동하는 사람이라면 바닥에서 다리를 들지 않고 엄지발가락만 바닥에 붙인 채로 작은 원을 그리면서 시작하도록 합니다. 환측을 움직일 경우에는 보조자의 도움이나 환측이 아닌 손으로 도움을 주도록 합니다.

## ▶ 앉은 자세에서 다리 들기

바르게 앉고 손을 편안하게 둡니다. 한쪽 다리를 올리고 내리기를 반복합니다(5~8회 반복). 환측을 움직일 경우에는 보조자의 도움이나 환측이 아닌 손으로 도움을 주도록 합니다.

## ▶ 앉은 자세에서 다리 벌렸다 오므리기 (발목 인사)

바르게 앉고 손은 편한한 곳에 두도록 합니다. 한쪽 다리에 힘을 주고 다른 쪽 다리를 바깥으로 벌렸다가 다시 안으로 들어옵니다(5~8회 반복). 환측을 움직일 경우에는 보조자의 도움이나 환측이 아닌 손으로 도움을 주도록 합니다.

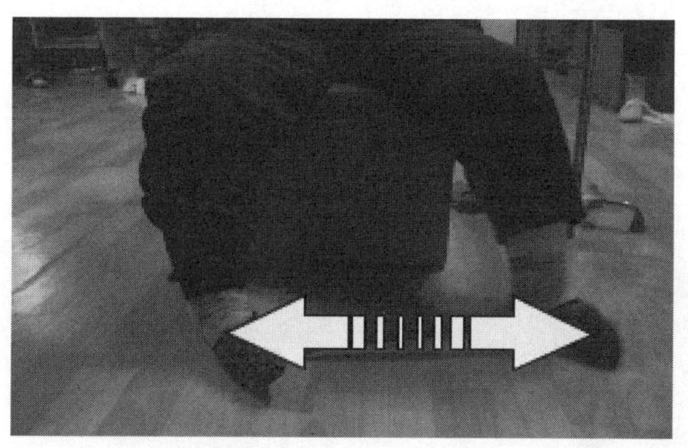

## ▶ 앉은 자세에서 다리 들고 발끝 펴기

바르게 앉도록 합니다. 손은 편안하게 두고 균형에 문제가 있다면 의자 옆 부분을 잡도록 합니다. 한쪽 다리를 편안하게 앞으로 뻗어 줍니다. 발끝을 세우고 몸 쪽으로 발을 최대한 구부려 줍니다. 다시 최대한 바깥쪽으로 뻗어 줍니다. 5~8회 반복 합니다. 환측을 움직일 경우에는 보조자의 도움을 받도록 합니다.

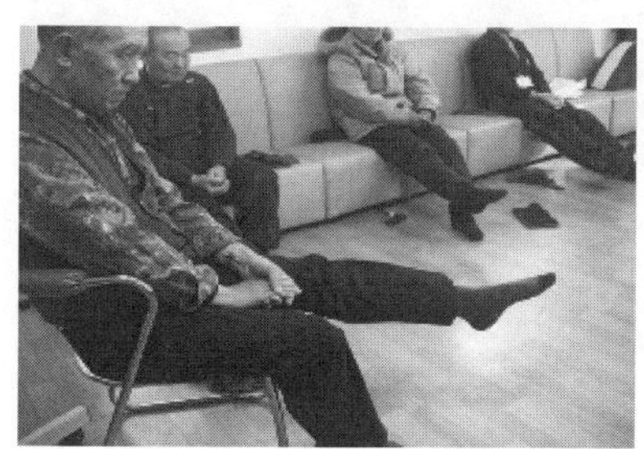

## ▶ 앉아서 다리 들어 발목을 둥글게 둥글게

바르게 앉도록 합니다. 손은 편안하게 두고 균형에 문제가 있다면 의자 옆 부분을 잡도록 합니다. 발을 바닥에서 편안하게 들도록 합니다. 발끝을 바깥쪽 방향으로 돌려줍니다. 반대 방향으로도 돌려줍니다. 5~8회 반복합니다. 환측을 움직일 경우에는 보조자의 도움을 받도록 합니다.

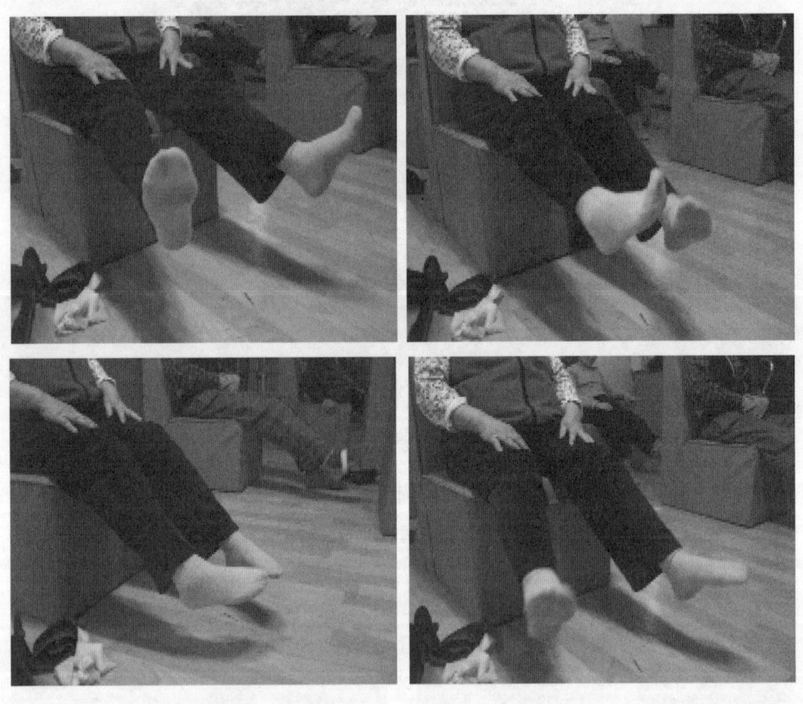

## ▶ 앉아서 다리 들어 발가락을 쫘~악!

바르게 앉도록 합니다. 손은 편안하게 두고 균형에 문제가 있다면 의자 옆 부분을 잡도록 합니다. 발을 바닥에서 5cm 정도 들어줍니다. 발가락에 힘을 주어 최대한 오므립니다. 반대로 최대한 힘을 주에 발가락을 쫘~악 펴줍니다. 환 부의를 움직일 경우 발가락이 움직이지 않더라도 힘을 주도록 노력합니다. 그리고 과도하게 힘을 주면 발가락에 쥐가 나거나 혈압이 올라갈 수 있으니 주의하시기 바랍니다.

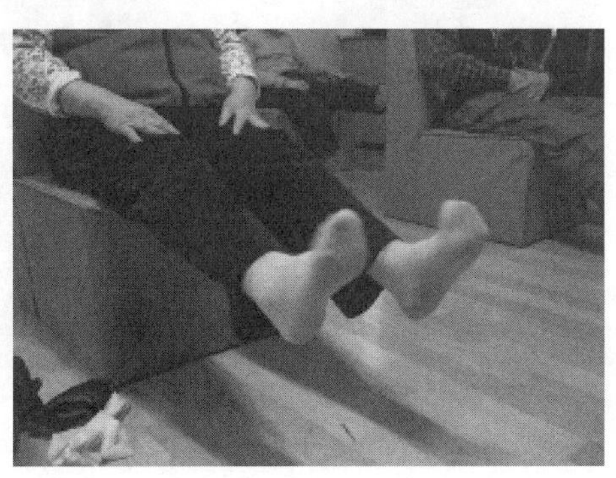

# 몸통 부분

## ▶ 앉아서 몸을 둥글게 둥글게

바르게 앉도록 합니다. 손은 허리를 잡아 줍니다. 몸을 앞으로 약간 숙여 줍니다. 이때 허리를 굽히지 않고 척추를 바로 세운 상태에서 숙입니다. 오른쪽으로 크게 돌려줍니다. 반대도 실시합니다. 5~8회 반복합니다.

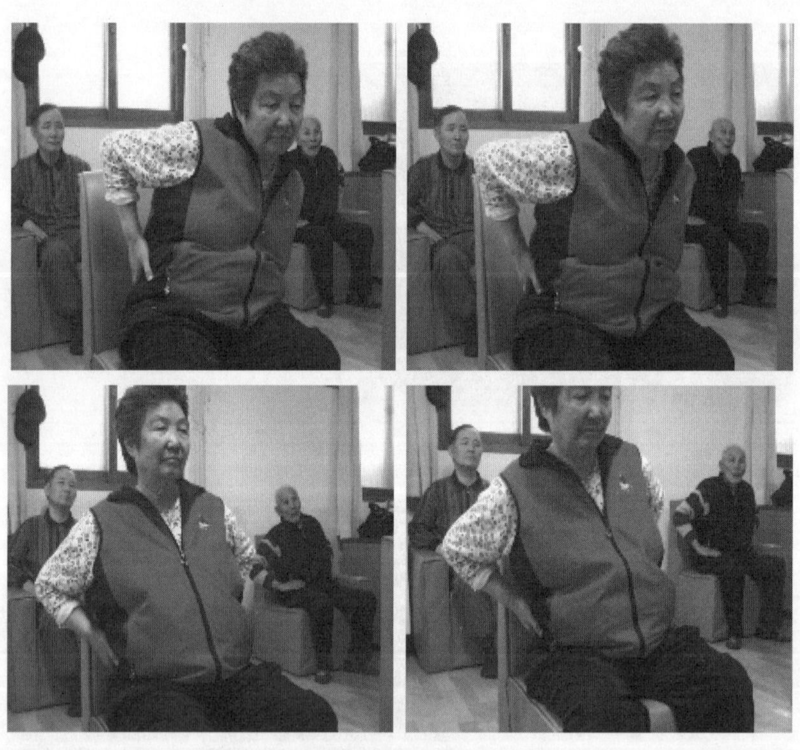

## ▶ 앉아서 좌··우로 몸 비틀어 주기

바르게 앉도록 합니다. 왼손과 오른손을 마주 잡도록 하고 팔을 어깨높이까지 올리도록 합니다. 왼손으로 오른손을 잡아당기면서 몸통을 비틀어 줍니다. 만약 환부에 힘이 가해지지 않는 경우 의식적으로 몸통을 돌려줍니다. 4초 정도 유지하고 처음 자세로 돌아옵니다. 3~8회 반복합니다. 동작을 실시하는 동안 어깨가 너무 올라가지 않게 하고 팔이 아픈 경우에는 팔을 내리도록 합니다. 몸을 비트는 동안에는 머리가 몸통과 같은 방향을 볼 수 있도록 합니다.

## ▶ 맷돌 돌리기

바르게 앉도록 합니다. 왼손과 오른손을 마주 잡도록 하고 팔을 어깨높이까지 올리도록 합니다. 팔을 뻗어 맷돌을 잡은 듯이 어깨, 팔, 허리를 함께 돌려줍니다. 환측은 건측으로 보조하며 돌려줍니다. 동작을 실시하는 동안 어깨가 너무 올라가지 않게 하고 팔이 아픈 경우에는 팔을 내리도록 합니다. 몸을 비트는 동안에는 머리가 몸통과 같은 방향을 볼 수 있도록 합니다.

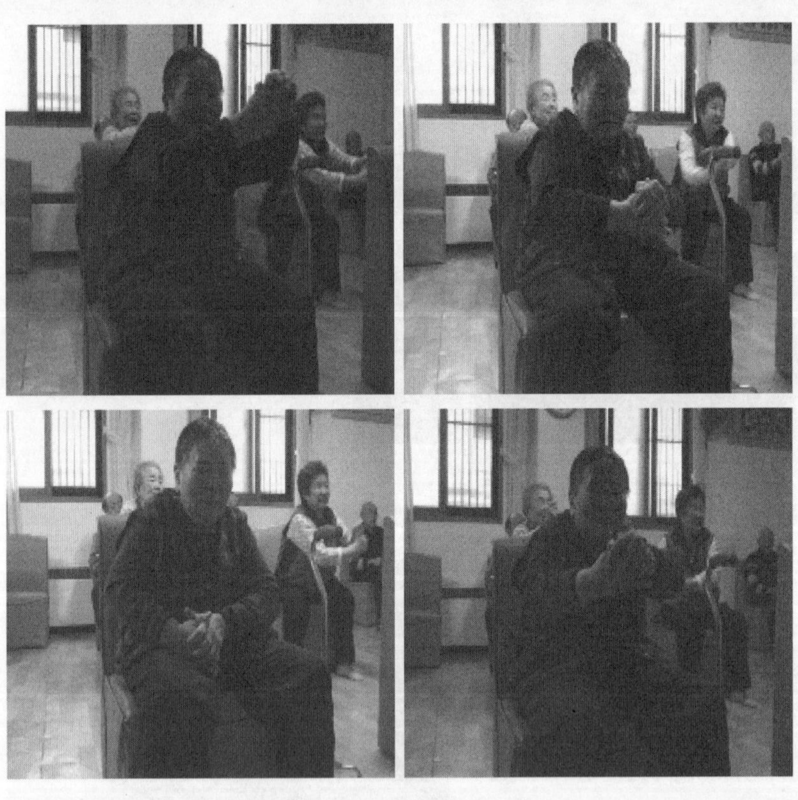

# 어깨/팔 부분

## ▶ 어깨를 으쓱으쓱

바르게 앉도록 합니다. 손을 아래로 편하게 내리도록 합니다. 양쪽 어깨를 귀까지 으쓱 하면서 올려줍니다. 천천히 시작 자세로 돌아갑니다.  5~8회 반복합니다. 환 동작이 되지 않을 경우 건측 팔로 보조하도록 합니다.

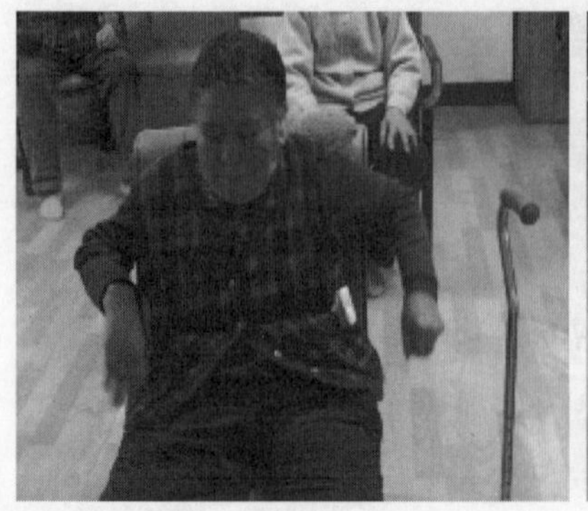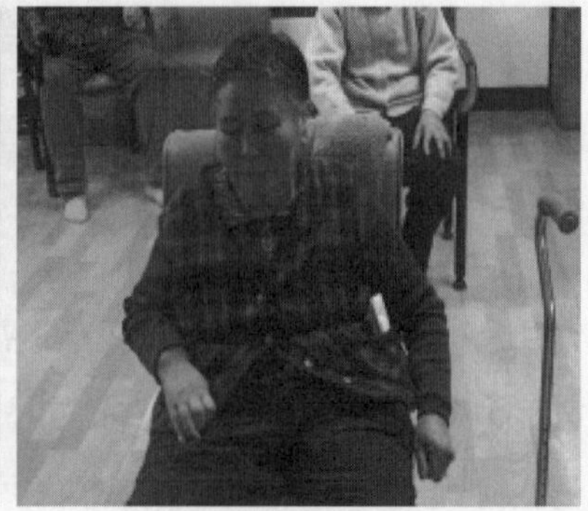

## ▶ 어깨를 둥글게 둥글게

바르게 앉도록 합니다. 손을 아래로 편하게 내리도록 합니다. 어깨를 뒤로 돌리고 앞으로 돌려줍니다. 5~8회 반복합니다. 환 동작이 되지 않을 경우 건측 팔로 보조하도록 합니다.

## ▶ 어기여차 디여차 노 젓기

바르게 앉도록 합니다. 팔을 어깨높이로 뻗고 손등이 위로 오게 하여 주먹을 쥡니다. 노를 젓는 것처럼 팔을 뒤로 당깁니다. 등 뒤에 있는 견갑골이 모아지는 느낌을 받도록 합니다. 5~8회 반복합니다. 환 부위에 동작이 어려울 경우 깍지를 끼고 실시하거나 보조자의 도움을 받도록 합니다. 팔을 뒤로 당기는 동작에서 팔꿈치가 몸통을 스치듯이 움직이도록 합니다.

## ▶ 잼잼 손가락 운동

바르게 앉도록 합니다. 주먹을 쥐었다가 폅니다.

환측의 경우 그림과 같이 건측으로 손가락을 펴주도록 합니다.

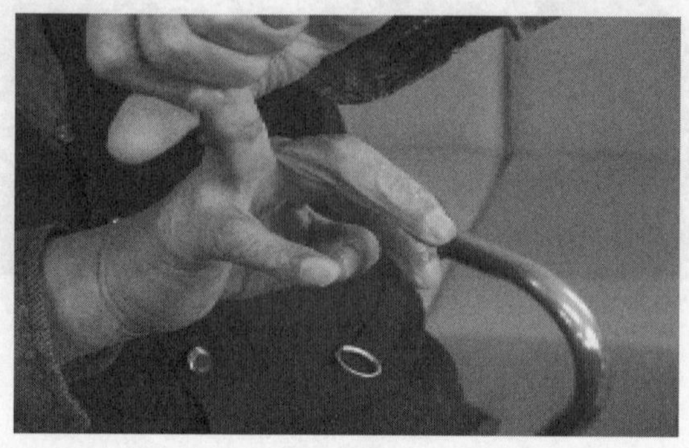

## 머리 부분

### ▶ 앉아서 턱을 가슴 쪽으로 당기기

바르게 앉도록 합니다. 머리를 똑바로 세운다음 턱을 천천히 가슴 쪽으로 당깁니다. 다시 천천히 들어 시작 자세로 돌아가도록 합니다. 반대로 턱을 위로 올려줍니다. 다시 시작자세로 돌아옵니다. 5~8회 반복하도록 하고 무리하게 목을 움직이지 않도록 합니다.

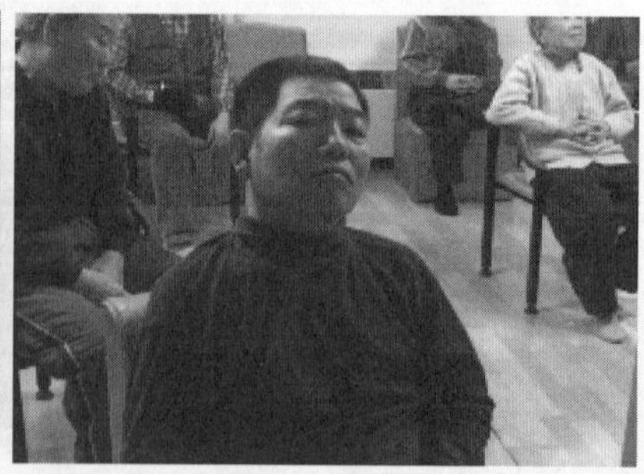

# 집에 가기 전에...

스스로 운동하는 습관을 기르기 위해 프로그램이 끝나기 전에 서로서로 집에서 운동을 하도록 약속합니다.

# 13. 스트레칭을 배워봅시다

(열 번째 시간)

## 가. 활동내용

1) 지난 시간에 배운 것을 연습했는지 확인해 봅시다.

2) 준비운동을 배워봅시다.

3) 스트레칭을 배워봅시다.

## 나. 활동의 목적

1) 준비운동을 배우며 관절가동범위를 넓혀준다.

2) 관절가동범위를 넓혀 일상생활에 도움을 준다.

3) 관절의 경직을 예방한다.

4) 오늘 배운 준비운동을 집에서도 할 수 있도록 한다.

## 다. 준비물

운동을 실시하기 위한 의자 및 배치

지난 시간에 배운 것을 복습해 볼까요?

1) 지난 시간 배운 관절을 부드럽게 하는 운동을 복습해본다.

2) 집에서 실제 운동을 하셨습니까?

3) 집에서 하지 못했다면 이유는 무엇입니까?

# 스트레칭을 배워봅시다

◆ 스트레칭

1) 스트레칭 방식 : 동적인 스트레칭보다는 정적인 스트레칭을 합니다.

2) 강도 : 통증이 느껴질 정도가 아니라 뻣뻣하거나 가벼운 강도가 느껴질 정도로만 합니다.

3) 시간 : 10~30초 (단, 목 스트레칭은 5초 이하)

◆ 운동방법

## 머리 부분

### ▶ 땅 쳐다보기

바르게 앉도록 합니다. 머리를 똑바로 세운 다음 턱을 천천히 가슴 쪽으로 당깁니다. 5초 정도 유지합니다. 다시 천천히 들어 시작 자세로 돌아가도록 합니

다. 반대로 턱을 위로 올려줍니다. 5초 정도 유지합니다. 다시 시작자세로 돌아
옵니다. 목 스트레칭은 무리하게 움직이지 않도록 합니다.

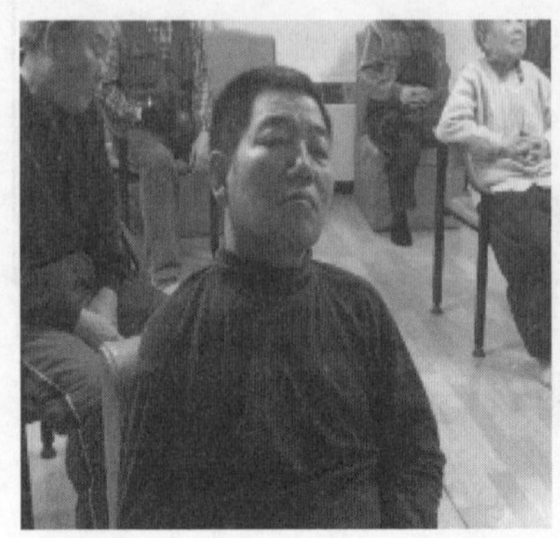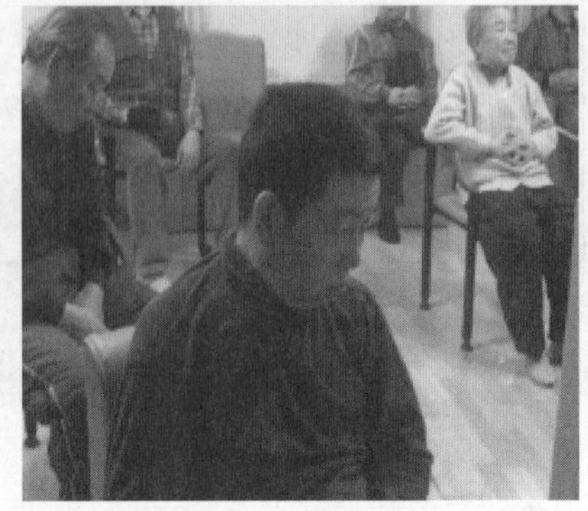

## 몸통 / 팔 부분

### ▶ 가슴 쫘~악 펴기

바르게 앉도록 합니다. 양팔을 뒤로 모아 깍지를 끼도록 합니다. 가슴을 쫘~
악 펴면서 가슴과 팔이 당겨지는 것을 느껴봅니다. 10~15초 정도 유지합니다.
환 부위가 펴지지 않을 경우에는 가슴을 내미는 것에 주의 집중하도록 합니다.

## ▶ 깍지 끼고 만세 부르기

바르게 앉도록 합니다. 양팔을 앞으로 모아 깍지를 끼도록 합니다. 깍지 낀 손을 머리 위까지 올리도록 합니다. 팔이 당기는 것을 느끼도록 합니다. 10~15초 정도 유지합니다. 환측이 펴지지 않는 경우에는 통증이 유발되지 않는 범위 내에서 팔을 올리도록 합니다.

## ▶ 옆구리 늘이기

바르게 앉도록 합니다. 한 손으로 의자 옆 부분을 잡고 반대 손은 옆구리를 굽혀 바닥으로 내리도록 합니다. 옆구리가 당기는 것을 느끼며 10~15초 정도 정지해 있습니다. 반대쪽도 같은 방법으로 실시합니다. 환측 상체를 숙이는 경우 균형에 문제가 생길 수 있으므로 보조자의 주의가 필요합니다. 옆구리를 숙이는 동작에서 목과 척추는 일직선이 되도록 합니다.

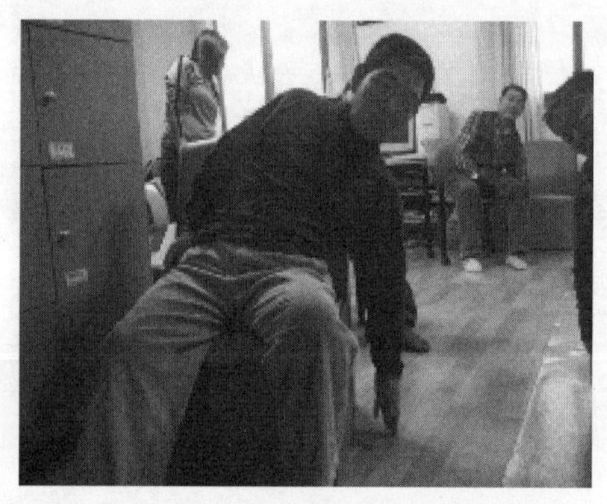

## ▶ 허리 비틀기

바르게 앉도록 합니다. 왼손과 오른손을 마주 잡도록 하고 팔을 어깨높이까지 올리도록 합니다. 왼손으로 오른손을 잡아당기면서 허리부터 몸통 전체를 비틀어줍니다. 만약 환부에 힘이 가해지지 않는 경우 의식적으로 몸통을 돌려줍니다. 10~15초 정도 유지하고 처음 자세로 돌아옵니다. 반대쪽도 같은 방법으로 스트레칭을 해줍니다. 동작을 실시하는 동안 어깨가 너무 올라가지 않게 하고 팔이 아픈 경우에는 팔을 내리도록 합니다. 몸을 비트는 동안에는 머리가 몸통과 같은 방향을 볼 수 있도록 합니다.

## ▶ 절반 포옹하기

바르게 앉도록 합니다. 양팔을 앞으로 모아 깍지를 끼도록 합니다. 깍지 낀 손을 반원을 그리면서 오른쪽으로 당겨 줍니다. 이 때 허리가 같이 돌아가지 않도록 주의합니다. 10~15초 정도 팔과 등이 스트레칭이 되는 것을 느끼며 유지합니다. 반대쪽도 같은 방법으로 실시합니다. 환 부위에 동작이 잘 나오지 않을 경우 그림과 같이 팔을 잡고 당기는 것으로 유도할 수 있습니다. 하지만 너무 당기는 것은 팔과 어깨에 무리를 줄 수 있으므로 주의하도록 합니다.

# 하체 부분

## ▶ 다리 쓰다듬기

바르게 앉도록 합니다. 두 손을 깍지 끼운 채 오른쪽 허벅지 위에 놓고 오른쪽 다리를 쭉 폅니다. 깍지를 끼운 손으로 편 다리를 위에서 아래로 천천히 쓰다듬듯이 쓸어 내려갑니다. 허벅지 뒷부분이 당기는 것을 느끼며 10~15초 정도 유지합니다. 머리는 숙이지 않고 척추와 일직선이 되게 합니다.

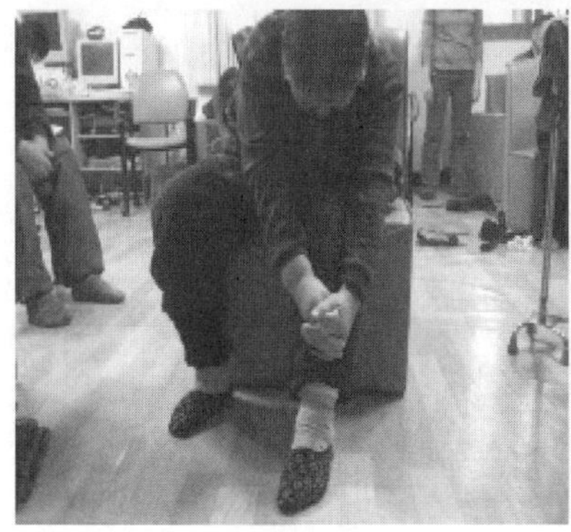
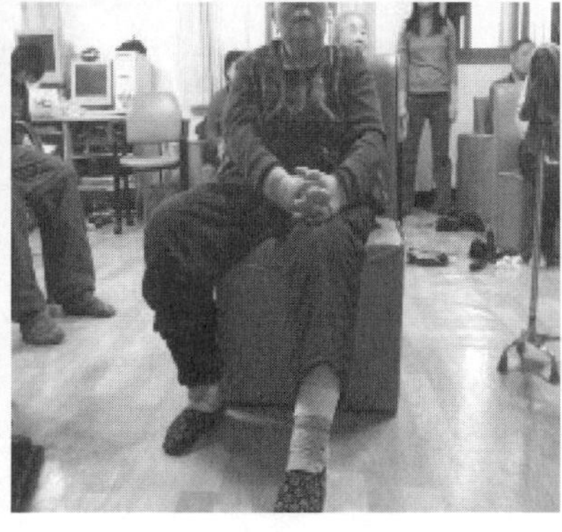

## ▶ 다리 절반 벌리기

바르게 앉도록 합니다. 손을 허벅지 안쪽에 두도록 합니다. 양다리를 천천히 밖으로 벌리며 양손으로 허벅지 안 쪽을 밀어 줍니다. 허벅지 안 쪽이 당기는 것을 느끼며 10~15초 정도 유지합니다. 환측의 경우 보조자의 도움을 받거나 건측의 상지로 환측의 다리를 벌려 줍니다. 발목과 무릎은 일직선상에 있도록 합니다.

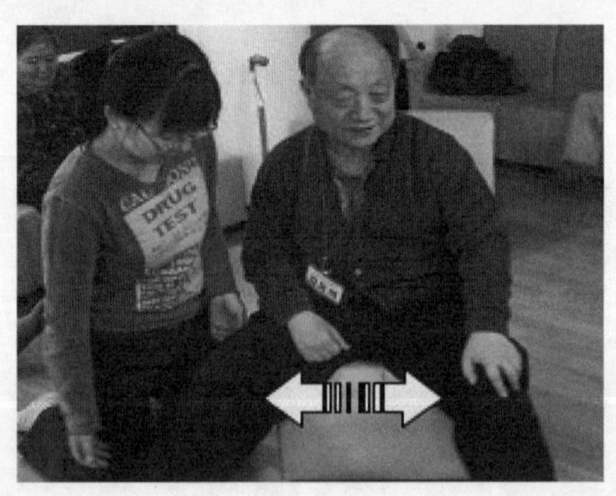

## ▶ 종아리 스트레칭

바르게 앉도록 합니다. 손을 허벅지 위에 올리고 한쪽 다리를 쭉 폅니다. 쭉 편 다리의 발목을 몸 쪽으로 당겨 줍니다. 종아리 뒷부분이 당기는 것을 느끼며 10~15초 정도 유지합니다. 환측의 경우 보조자의 도움을 받도록 합니다. 이 동작은 무릎에 무리가 가지 않도록 부드럽게 힘을 줍니다.

# 집에 가기 전에...

스스로 운동하는 습관을 기르기 위해 프로그램이 끝나기 전에 서로서로 집에서 운동을 하도록 약속합니다.

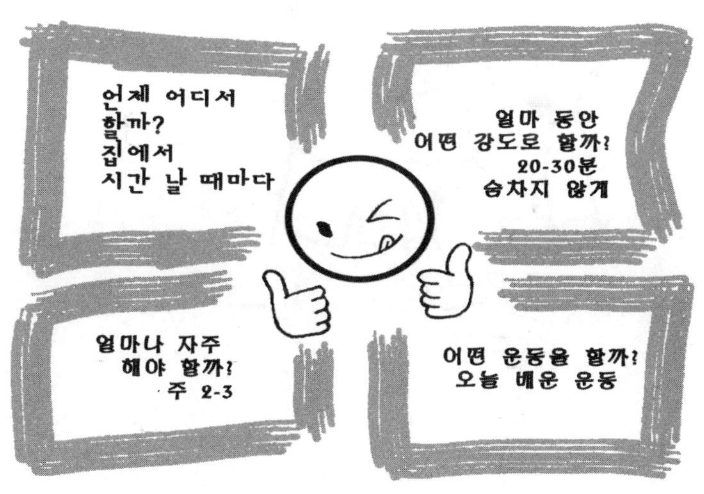

# ※ 스트레칭 이래서 좋아요 ※

▶ 유연성 감소를 예방하거나 되돌리고, 자세, 균형, 그리고 기능적 능력을 향상시킬 수 있습니다.

▶ 유연성이 향상됨에 따라 목욕, 몸치장, 옷 입고 벗기, 손 뻗어 물건 잡기 등과 같이 유연성이 필요한 일상적인 활동들을 더욱 쉽게 할 수 있습니다.

▶ 본 운동을 하기 전 실시하게 되면 운동 중에 발생하는 상해를 예방할 수 있습니다.

# Section5
## 밴드운동의 적응

손상된 근골격계는 직무상의 능력과 연관됩니다. 오랜 기간 동안의 근력부족은 타인의 도움 없이 단독적으로 행동하는 데 많은 제약을 줍니다. 따라서 적절한 근력 트레이닝은 근력과 근지구력을 유지하고 향상시키며, 결과적으로 낙상을 방지하고 기동성을 향상시키며 근력 약화와 쇠약에 대처하게 됩니다. 또한 중량 운동은 뼈 손실을 지연시키고, 골밀도를 증가시킵니다.

# ※ 밴드운동 이래서 좋아요 ※

▶ 밴드를 이용하는 저항운동은 다른 웨이트 저항운동보다 손으로 밴드를 직접 쥐고, 당기고 하기 때문에 손에 섬세하게 발달되어 있는 근육과 감각신경에 더 좋은 자극을 줄 수 있습니다.

▶ 일반 웨이트 운동에 대한 거부감, 상해 위험성들을 최소화하면서, 휴대의 간편성, 장소에 상관없이 사용가능한 점, 비용의 저렴성 등의 장점과 더불어 운동의 효과를 극대화시킬 수 있는 방법입니다.

▶ 밴드에 의한 정확한 저항의 양을 조절하는 데 다소 어려움이 있지만 뇌졸중 환자들에게는 부담 없이 근력을 증가시키고 관절 가동 범위와 근육의 신장성을 유지/증진시킬 수 있는 좋은 운동입니다.

# ※ 밴드운동 이것은 주의하세요 ※

▶ 사용하기 전에 밴드가 찢어졌거나 변색 등의 이상이 없는지 반드시 확인합니다.

▶ 매듭이 단단히 고정되어 있는지, 밴드가 꽉 쥐어져 있는지를 확인합니다.

▶ 옷의 지퍼나 단추, 금속성의 부속불 등에 부딪히거나, 나무나 플라스틱 등 단단한 물건에 걸리지 않도록 주의합니다.

▶ 운동 중 반지나 목걸이 등을 풀어놓아 밴드에 걸리지 않도록 합니다.

▶ 밴드를 얼굴에 가까이 대지 않도록 합니다.

▶ 땀이나 물에 젖은 경우에는 부드러운 헝겊으로 닦아내고 그늘에서 건조시킵니다.

▶ 사용 후에는 직사광선, 형광등의 빛, 습기가 없는 곳에 보관하도록 합니

다. 특히 야외에 오랜 시간 방치하지 않도록 합니다.

▶ 사용 후 전용 파우더를 발라 보관하면 오래 사용할 수 있습니다.[2]

2  강현숙, 김원옥, 김정화, 왕명자. 2004. 뇌졸중 후 대상자의 즐겁고 자신 있는 삶을 위하여, p 23~24.

# 14. 밴드운동을 배워봅시다
(열한 번째 시간~열네 번째 시간)

가. 활동내용

1) 지난 시간에 배운 것을 연습했는지 확인해 봅시다.

2) 밴드운동을 배워봅시다.

3) 운동방법별로 12개씩 2세트로 진행합니다.

나. 활동의 목적

1) 관절을 부드럽게 하는 운동을 하여 관절의 강직을 예방한다.

2) 관절가동범위를 넓혀 일상생활에 도움을 준다.

3) 근력운동을 익혀 근기능 향상에 도움을 준다.

4) 오늘 배운 준비운동을 집에서도 할 수 있도록 한다.

다. 준비물

운동을 실시하기 위한 의자 및 배치, 노란색 밴드

# 밴드운동을 배워봅시다

## 하체 부분

### ▶ 앉아서 다리 폈다가 오므리기

바르게 앉도록 합니다. 양손은 의자 옆 부분을 잡도록 합니다. 양발에 어깨 넓이 정도의 밴드를 묶습니다. 양다리를 최대한 벌렸다가 오므립니다. 다리를 벌리는 동안 숨을 내쉬고 오므리는 동안 들이마십니다. 엉덩이 관절만 움직이도록 하고 환측 동작이 어려운 경우 건측 상지의 도움을 받도록 합니다.

## ▶ 앉아서 다리 뻗기

바르게 앉도록 합니다. 어깨 넓이보다 약간 넓게 양손에 밴드를 잡습니다. 한쪽 다리를 들어 올립니다. 들어올린 다리를 밴드 중앙에 대고 발바닥으로 밴드를 밉니다. 앞으로 밀 때 수를 세거나 숨을 내쉽니다. 다시 제자리로 돌아올 때에는 숨을 들이마십니다. 이 동작을 할 때에는 무릎 관절만 움직이도록 하고 양손은 옆구리에 붙여 줍니다. 밴드를 양손에 잡지 못할 경우 환측 상지에는 밴드를 손목에 묶어주어 운동을 진행할 수 있도록 합니다. 환측 다리의 경우 밴드를 사용하기 힘들다면 건측 팔을 이용하거나 보조자의 도움을 받아 다리를 뻗어 주는 동작만 실시하도록 합니다.

## ▶ 앉아서 발목을 몸 쪽으로 당기기

바르게 앉도록 합니다. 양손을 편안하게 놓습니다. 발목을 세워 몸쪽으로 구부리도록 합니다. 발을 구부리는 동안 숨을 내쉬도록 합니다. 제자리도 돌아갈 때 숨을 들이마십니다. 이 동작을 실시할 때에는 발목 관절만 움직이도록 합니다. 운동에 부하를 주기 위해서는 발끝에 밴드를 묶고 반대쪽을 고정해 주면 밴드의 탄성 때문에 발을 구부리는 것이 어려워집니다.

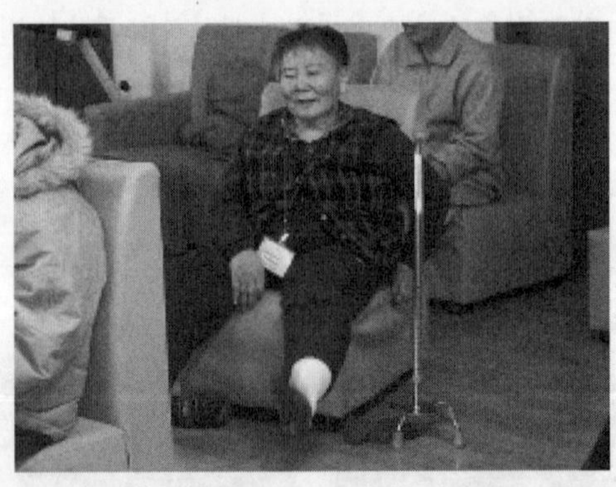

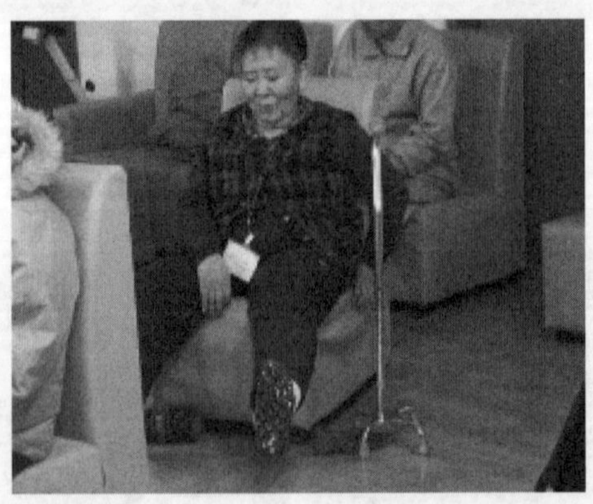

## ▶ 발가락 밀기

바르게 앉도록 합니다. 어깨 넓이보다 약간 넓게 양손에 밴드를 잡습니다. 한 쪽 다리를 들어 올립니다. 들어올린 다리를 밴드 중앙에 대고 발가락으로 밴드를 밉니다. 이 운동을 실시할 때에는 발목관절만 움직이도록 합니다. 발가락을 앞으로 밀 때 숨을 내쉬고 제자리로 돌아올 때 숨을 들이마시도록 합니다.

# 상체 부분

## ▶ 앉아서 양팔 벌려 가슴 펴기

바르게 앉도록 합니다. 밴드를 어깨 넓이와 같은 정도로 잡습니다. 팔을 앞으로 뻗어 주먹을 쥐도록 합니다. 이 때 손목은 어깨와 나란히 되도록 일직선으로 펴줍니다. 팔을 최대한 벌리도록 하며 팔을 벌리는 동안 숨을 내쉬도록 합니다. 다시 반대로 오므릴 때 숨을 들이마시도록 합니다. 이 동작을 하는 동안에는 어깨 관절만 움직이도록 합니다. 환측을 움직일 경우 펴지지 않는 팔은 보조자의 도움을 받아야 하며, 만약 보조자가 없는 경우 옆의 그림처럼 힘을 주는 것만으로 실시되어야 합니다. 동작을 실시하기 전에 어깨를 너무 들지 않도록 하고 손목을 꺾어서 운동을 하지 않도록 합니다.

## ▶ 어기여차 디여차 노 젓기

바르게 앉도록 합니다. 밴드 중앙을 발로 밟고 양쪽을 각각 한 손씩 감아쥡니다. 팔을 어깨높이로 뻗고 손등이 위로 오게 하여 주먹을 쥡니다. 노를 젓는 것처럼 팔을 뒤로 당깁니다. 등 뒤에 있는 견갑골이 모아지는 느낌을 받도록 합니다. 뒤로 당기는 동안 숨을 내쉬고 제자리로 돌아오는 동안 숨을 들이마십니다. 환 부위에 동작이 어려울 경우 보조자의 도움을 받도록 합니다. 팔을 뒤로 당기는 동작에서 팔꿈치가 몸통을 스치듯이 움직이도록 합니다.

## ▶ 앉아서 밴드를 위로 잡아당기기

바르게 앉도록 합니다. 밴드 중앙을 발로 밟고 양쪽을 손바닥이 안을 향하게
해서 환측과 건측에 밴드를 잡습니다. 팔을 어깨 높이로 올립니다. 팔을 올릴 때
숨을 내쉬거나 수를 세도록 합니다. 다시 제자리로 돌아오는 동안 숨을 들이마
십니다. 이 동작을 실시하는 동안은 팔꿈치와 팔만 어깨만 움직여야 합니다. 환
측을 실시할 경우 건측이 보조를 할 수 있도록 합니다. 환측과 건측 모두 손목이
꺾이지 않도록 주의합니다.

## ▶ 팔을 몸 쪽으로 굽히기

바르게 앉도록 합니다. 밴드 중앙을 발로 밟고 양쪽을 손바닥이 위를 향하게 해서 환측과 건측에 밴드를 잡습니다. 한쪽 팔을 위로 올립니다. 위로 올리는 동안 숨을 내쉬거나 수를 세도록 합니다. 다시 제자리로 돌아갑니다. 반대쪽도 같은 방법으로 실시합니다. 이 동작을 실시할 때에는 팔꿈치만 움직이도록 하며 될 수 있으면 팔꿈치를 옆구리에 붙이는 기분이 들도록 합니다. 환측 상지의 경우 그림과 같이  측 손에 밴드를 묶고 건측으로 보조하도록 합니다. 시작하기 전에 어깨를 으쓱 들지 않도록 하고 몸이 한쪽으로 기울지 않도록 신경 쓰도록 합니다.

## ▶ 손을 쥐었다 펴기

바르게 앉도록 합니다. 팔을 뻗어 손바닥을 아래로 향해서 밴드를 말아서 손 안에 잡습니다. 손목을 일직선으로 하고 손을 최대한 꽉 쥡니다. 5초 정도 유지하고 힘을 뺍니다. 환측을 실시하는 경우 건측의 보조를 받을 수 있도록 합니다.

# 집에 가기 전에...

스스로 운동하는 습관을 기르기 위해 프로그램이 끝나기 전에 서로서로 집에서 운동을 하도록 약속합니다.

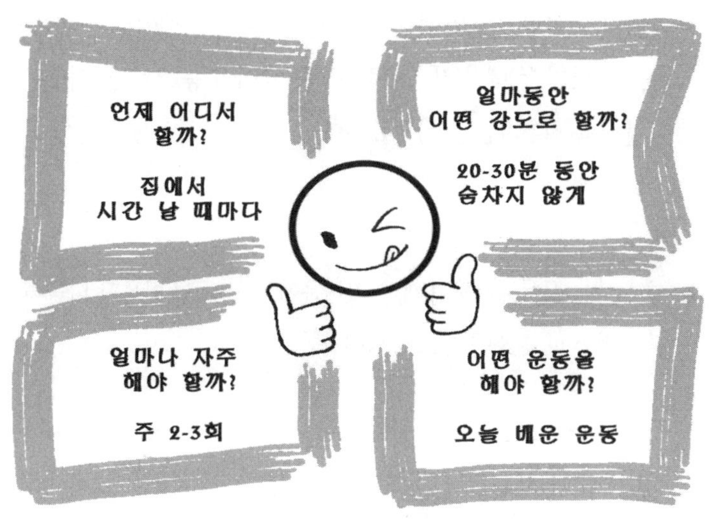

# ※ 저항 운동 시 일반적인 지침 ※

◈ 운동 순서

▶ 가벼운 저항 훈련을 수행할 때에는 머리에서 발끝으로 또는 발끝에서 머리로 이동한다.

▶ 가볍거나 혹은 강도가 높은 저항 훈련을 수행할 때에는 큰 근육 군(가슴, 등, 다리 등)에서 작은 근육 군(팔, 종아리 등)으로, 마지막은 자세 유지 근육(척추기립근 등)으로 한다.

◈ 강도

▶ 처음에는 운동자각도가 매우 가벼움에서 8~15회 반복한 다음 숙달되면 적절할 때 다소 힘듦으로 넘어간다.

◈ 횟수

▶ 전신 운동은 연속되지 않는 날에 주당 2~3회 한다.

◈ 반복 횟수

▶ 세트 당 연속해서 8~15회 실시하고, 강도를 올리면 8회로 시작한다.

◈ 관절 가동범위

▶ 운동을 과하게 하지 말고, 통증을 유발하지 않는 관절 가동 범위 내에서 최대범위로 운동한다.

◈ 속도

▶ 느리고 부드럽게 동작을 한다.

▶ 무게가 있는 물체를 들거나 미는 데 3초가 걸리고 , 이 무게가 있는 물체를 시작/마무리 자세로 되돌려 놓는 데 3초가 걸려야 한다.

◈ 세트의 수

▶ 운동 당 1~3세트

◈ 세트 사이의 휴식시간

▶ 1~2분

◈ 저항운동시 주의

▶ 무게가 있는 물체를 들어올리기 위해 머리를 숙일 경우 뇌의 혈압이 상승하기 쉬우므로 뇌졸중 환자의 경우 반드시 머리가 심장보다 위에 위치하도록 한다.

◈ 진행과 유지

▶ 저항을 0.5kg씩 늘린다.

▶ 반복 횟수를 8회로 줄이고, 더 가벼운 웨이트를 사용할 때는 반복 횟수를 12~15회로 점차 늘린다. 또는 8회 반복으로 구성된 두 번째 세트를 추가하고, 반복 횟수를 점차 늘린다. 참가자들이 장기적인 저항 훈련 목표에 도달하면 평생 유지를 장려한다.

Section6
밴드운동
밴드운동

# 15. 밴드운동의 시작
(열다섯 번째 시간~열일곱 번째 시간)

가. 활동내용

1) 지난 시간에 배운 것을 연습했는지 확인해 봅시다.

2) 지난 시간 배웠던 밴드운동을 실시합니다. 한 가지 운동방법에 각 12개씩 3세트로 진행해 봅시다.

3) 노란색 밴드를 사용하기가 쉬워졌다면(RPE 운동자각도를 사용하여 알아봅니다.) 빨강색 밴드로 바꿔봅시다.


나. 활동의 목적

1) 밴드운동을 시작하여 관절과 근육의 움직임을 좋게 한다.

2) 관절가동범위를 넓혀 일상생활에 도움을 준다.

3) 근력운동을 익혀 근기능 향상에 도움을 준다.

4) 오늘 배운 준비운동을 집에서도 할 수 있도록 한다.


다. 준비물

운동을 실시하기 위한 의자 및 배치, 노란색 밴드, 빨강색 밴드

1) 지난 시간 배운 관절을 부드럽게 하는 운동과 스트레칭, 밴드운동을 복습해본다.

2) 집에서 실제 운동을 하셨습니까?

3) 집에서 하지 못했다면 이유는 무엇입니까?

# 집에 가기 전에...

스스로 운동하는 습관을 기르기 위해 프로그램이 끝나기 전에 서로서로 집에서 운동을 하도록 약속합니다.

# ※ 운동자각도(RPE)가 뭡니까? ※

주관적 운동 강도를 알아보기 위해서는 운동자각도(RPE)를 사용하는 방법이 있습니다. 이것은 운동 중 자신의 느낌에 해당하는 숫자를 말하는 것인데요. 모두 15등급으로 나뉘어져 있습니다.

(대상자가 '10 가볍다.'로 말하는 경우 운동의 강도를 높여줍니다.)

| 15등급 척도 | 느낌 |
|:---:|:---:|
| 6 | 전혀 힘들지 않음 |
| 7 | 극도로 가벼움 |
| 8 | |
| 9 | 매우 가벼움 |
| 10 | 가벼움 |
| 11 | |
| 12 | |
| 13 | 약간 힘듦 |
| 14 | 힘듦 |
| 15 | |
| 16 | |
| 17 | 매우 힘듦 |
| 18 | 극도로 힘듦 |
| 19 | |
| 20 | 최대로 힘듦 |

# 16. 밴드운동의 강도를 늘려봅시다

(열여덟 번째 시간~스무 번째 시간)

가. 활동내용

1) 지난 시간에 배운 것을 연습했는지 확인해 봅시다.

2) 지난 시간 배웠던 밴드운동을 실시합니다. 한 가지 운동방법에 각 12개 씩 3세트로 진행해 봅시다.

3) 밴드를 운동이 쉬워졌다면(RPE 운동자각도를 사용하여 알아봅니다.) 운동의 횟수를 증가합니다.(예 12개 → 15개)

나. 활동의 목적

1) 관절가동범위운동을 하여 관절의 강직을 예방한다.

2) 관절가동범위를 넓혀 일상생활에 도움을 준다.

3) 근력운동을 익혀 근기능 향상에 도움을 준다.

4) 오늘 배운 준비운동을 집에서도 할 수 있도록 한다.

다. 준비물

운동을 실시하기 위한 의자 및 배치, 노란색 밴드, 빨간색 밴드

1) 지난 시간 배운 밴드운동을 복습해본다.

2) 집에서 실제 운동을 하셨습니까?

3) 집에서 하지 못했다면 이유는 무엇입니까?

## 집에 가기 전에...

스스로 운동하는 습관을 기르기 위해 프로그램이 끝나기 전에 서로서로 집에서 운동을 하도록 약속합니다.

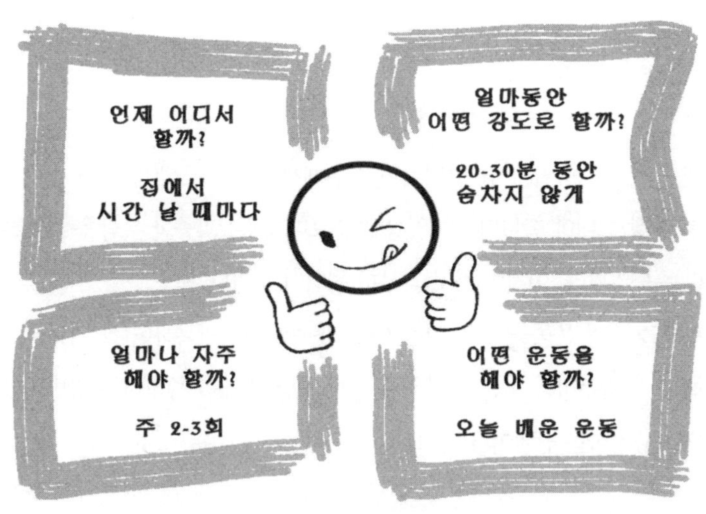

# ※ 운동 강도의 증가는 어떻게? ※

운동에는 과부화 원칙과 점진부하 원칙이 있습니다. 이것은 운동의 강도를 높이는데 가장 중요한 원리입니다.

### ▶ 점진성의 원칙

갑자기 힘에 겹고 강도 높은 운동을 하면 몸이 견디기 어렵고, 오히려 몸에 손상을 입을 수도 있습니다.

그러므로 처음에는 자신에게 맞는 가벼운 운동부터 시작해야 합니다. 그러나 가벼운 운동에만 머물러 있으면 기능의 발달은 더 이상 진전되지 않고 멈추게 됩니다. 따라서 기능을 발달시키기 위해서는 점진적으로 부하의 강도를 높여 가는 것이 바람직합니다.

### ▶ 과부하의 원칙

어떤 기관의 기능을 한층 발달시키기 위해서는 그 사람의 일상적으로 낼 수 있는 힘 이상을 내야 합니다. 즉 일상 수준보다 힘든, 과중한 부담을 주도록 해야 한다는 뜻입니다. 이것이 바로 과부하 원칙인 것입니다.

과부하를 주어 운동을 일정 기간 이상 계속하거나 반복하면 그 기관은 발달하게 됩니다. 과부하를 주는 방법은 운동시 저항(무게)를 증가하는 방법이나 운동 횟수를 증가하는 방법이 있습니다.

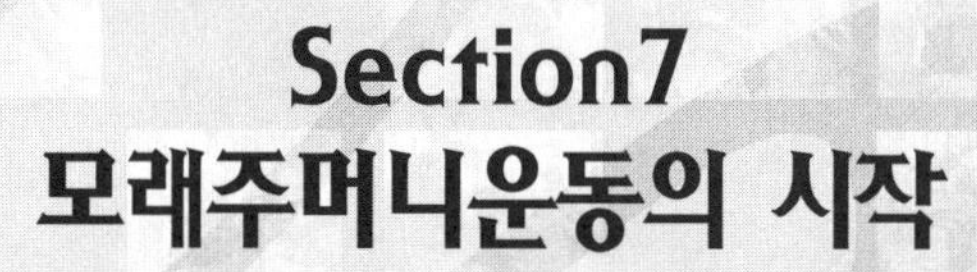

# Section 7
# 모래주머니운동의 시작

# 17. 모래주머니운동을 배워봅시다

(스물한 번째 시간~스물네 번째 시간)

가. 활동내용

1) 지난 시간에 배운 것을 연습했는지 확인해 봅시다.

2) 지난 시간 배웠던 밴드운동을 실시합니다. 한 가지 운동방법에 각 15개 씩 3세트로 진행해봅시다.

3) 밴드운동을 실시한 후 모래주머니운동을 배워봅시다.

4) 모래주머니운동은 12개 1세트로 진행합니다.

나. 활동의 목적

1) 관절가동범위운동을 하여 관절의 강직을 예방한다.

2) 관절가동범위를 넓혀 일상생활에 도움을 준다.

3) 근력운동을 익혀 근기능 향상에 도움을 준다.

4) 오늘 배운 준비운동을 집에서도 할 수 있도록 한다.

다. 준비물

운동을 실시하기 위한 의자 및 배치, 빨간색 밴드, 모래주머니

# 모래주머니운동을 배워봅시다

## 상체 부분

### ▶ 모래주머니 차고 몸 쪽으로 팔을 굽히기

바르게 앉도록 합니다. 양팔을 몸 옆에 닿도록 내려놓습니다. 손바닥이 앞을 향한 상태로 모래주머니를 손목에 찹니다. 모래주머니를 찬 팔을 위로 올립니다. 위로 올리는 동안 숨을 내쉬거나 수를 세도록 합니다. 다시 제자리로 돌아갑니다. 반대쪽도 같은 방법으로 실시합니다. 이 동작을 실시할 때에는 팔꿈치만 움직이도록 하며 될 수 있으면 팔꿈치를 옆구리에 붙이는 기분이 들도록 합니다. 환측 상지의 경우 환측 손에 모래주머니를 묶고 건측으로 보조하도록 합니다. 시작하기 전에 어깨를 으쓱 들지 않도록 하고 몸이 한쪽으로 기울지 않게 신경쓰도록 합니다.

# 하체 부분

## ▶ 앉아서 다리를 위 아래로 올렸다가 내리기

바르게 앉고 손을 편안하게 둡니다. 한쪽 다리에 모래주머니를 찬 후 다리를 올리고 내리기를 반복합니다. 다리를 올릴 때 숨을 내쉬고 제자리로 돌아올 때 숨을 들이마십니다. 환측을 움직일 경우에는 보조자의 도움이나 환측이 아닌 손으로 도움을 주도록 합니다. 이 동작은 엉덩이 관절만 움직이도록 하고 허리는 곧게 펴도록 합니다.

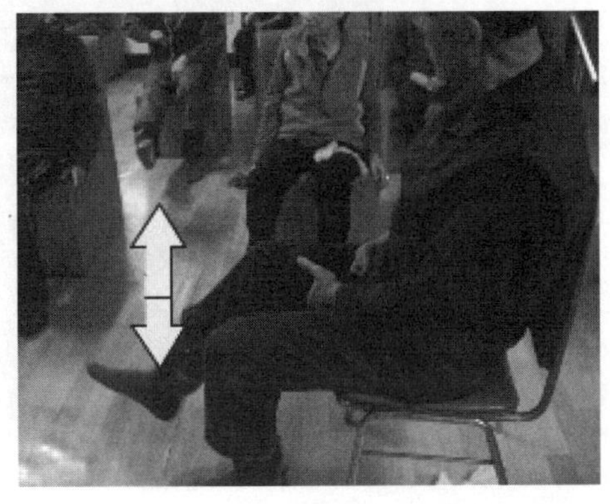

## ▶ 앉아서 다리 펴기

바르게 앉고 손을 편안하게 둡니다. 양손은 의자를 잡습니다. 양쪽 발목에 모래주머니를 차고 한쪽 다리를 뻗어줍니다. 다리를 펼 때 숨을 내쉬고 제자리로 돌아올 때 들이마십니다. 이 운동을 실시할 경우 무릎 관절만 움직이도록 하고, 처음 시도할 때에는 무게가 있는 물체를 동반하지 않고 맨 다리로 합니다. 다리를 펼 때에는 무릎에 무리가 가지 않게 완전히 펴지 않도록 합니다. 등을 지지하기 위해 엉덩이를 의자에 바짝 붙입니다.

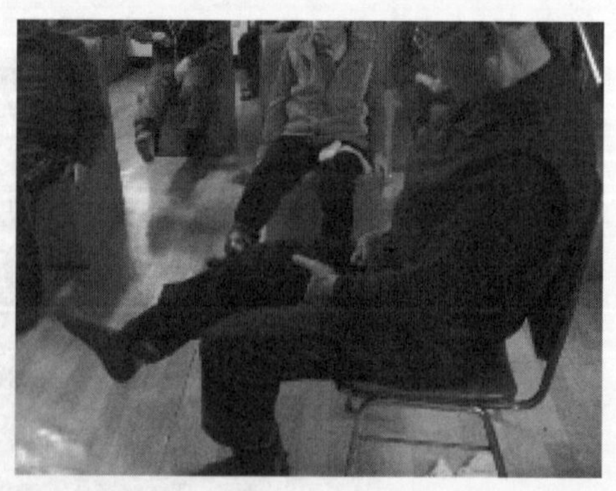

# 집에 가기 전에...

스스로 운동하는 습관을 기르기 위해 프로그램이 끝나기 전에 서로서로 집에서 운동을 하도록 약속합니다.

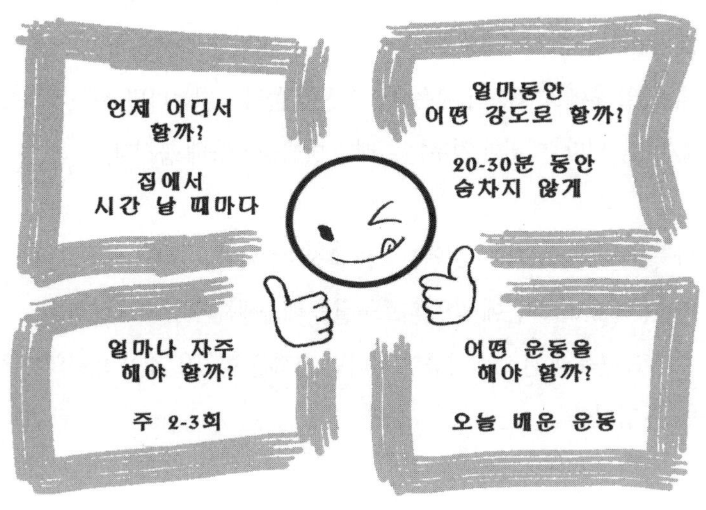

# ※ 운동 후 피곤하면 어떻게 풉니까? ※

　　운동 후 일반적인 피로회복은 적당한 휴식과 영양의 섭취로 이루어집니다. 처음 운동을 실시했을 경우에는 근육에 피로가 쌓여 통증이 있거나 피곤이 쌓이기도 합니다. 그러나 이런 경우 1~2일이면 회복이 되어 일상생활을 하는데 전혀 지장이 없습니다.

　　그러나 3일 후에도 통증이 계속되고 피곤이 풀리지 않는다면 운동 강도를 낮출 필요가 있습니다. 이러한 경우는 아래의 방법을 사용해 봅시다.

▶ 따뜻한 물에 몸을 담가 혈액순환을 촉진시킵니다.

▶ 가벼운 운동으로 몸에 쌓인 피로물질을 배출해줍니다.

▶ 그래도 근육과 관절에 통증이 있다면 가까운 병원을 찾아 의사의 진찰을 받아보도록 합니다.

# Section8
## 밴드와 모래주머니운동의 강도증가 1

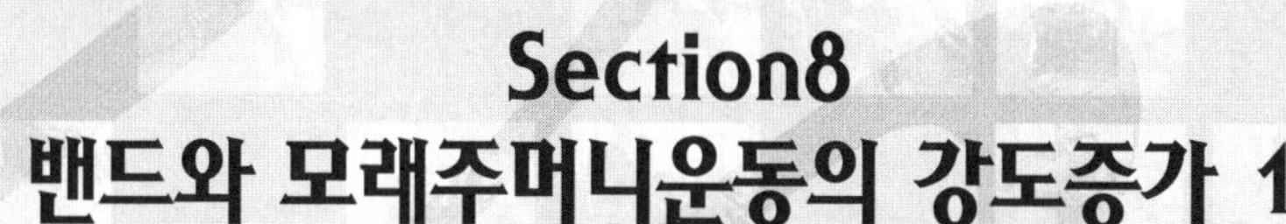

# 18. 밴드와 모래주머니운동의 강도 늘리기
(스물다섯 번째 시간~서른한 번째 시간)

가. 활동내용

　1) 지난 시간에 배운 것을 연습했는지 확인해 봅시다.

　2) 지난 시간 배웠던 밴드운동을 실시합니다. 한 가지 운동방법에 각 15개
　　씩 3세트로 진행 해봅시다.

　3) 밴드운동을 실시한 후 모래주머니운동을 배워봅시다.

　4) 모래주머니운동은 15개 1세트로 진행합니다.

나. 활동의 목적

　1) 관절가동범위운동을 하여 관절의 강직을 예방한다.

　2) 관절가동범위를 넓혀 일상생활에 도움을 준다.

　3) 근력운동을 익혀 근기능 향상에 도움을 준다.

　4) 오늘 배운 준비운동을 집에서도 할 수 있도록 한다.

다. 준비물

　운동을 실시하기 위한 의자 및 배치, 빨간색 밴드, 모래주머니

## 집에 가기 전에...

스스로 운동하는 습관을 기르기 위해 프로그램이 끝나기 전에 서로서로 집에서 운동을 하도록 약속합니다.

# Section9
## 중간검사

# 19. 활동체력 이해하기
(서른 두 번째 시간)

가. 활동내용

1) 활동체력 알아보기

⇒ 활동체력을 알아보기 위한 체력측정을 실시합니다.

나. 활동의 목적

1) 운동 중간 대상자의 체력수준의 향상을 알아본다.

2) 대상자의 체력수준을 파악하여 적절한 운동 프로그램을 계획한다.

3) 대상자의 체력수준을 파악하여 적절한 운동 강도를 재설정한다.

다. 준비물

초시계, 악력계, 덤벨(여자 2kg, 남자 3kg), 간이의자, 50cm자, 고깔, 체중계, 줄자

라. 활동체력 측정하기

1) 상지근기능

2) 하지근기능

3) 동적 평형성

4) 정적 평형성

5) 유연성

⇒ 별첨1을 참고하여 측정하는 법을 익혀봅시다!!!


## 집에 가기 전에…


스스로 운동하는 습관을 기르기 위해 프로그램이 끝나기 전에 서로서로 집에서 운동을 하도록 약속합니다.

# 20. 활동체력 측정하기
(서른 세 번째 시간)

가. 활동내용

1) 활동체력 알아보기

⇒ 활동체력 중 전신지구력을 알아보는 6분 걷기를 실시합니다.

2) 놀이 활동

⇒ 운동을 대신할 수 있는 놀이 활동으로 꾸준한 운동량을 유지합니다.


나. 활동의 목적

1) 운동 중간 단계에서 대상자의 전신지구력의 향상을 알아본다.

2) 대상자의 체력을 파악하여 적절한 운동 프로그램을 계획한다.

3) 대상자의 체력을 파악하여 적절한 운동 강도를 설정한다.

4) 놀이를 운동량의 감소를 예방한다.


다. 준비물

1) 6분 걷기 : 고깔, 초시계, 막대기, 줄자, 펜, 종이

2) 놀이 활동 : 동그랗게 묶여진 고무줄 (고무줄 길이는 의자 등받침에 걸

수 있는 길이로 각 팀의 인원수에 맞게 준비)


라. 활동체력 측정하기
  1) 6분 걷기 ⇒ 별첨1을 참고하여 측정하는 법을 익혀봅시다!!!


마. 놀이 활동
  1) 고무줄 의자 걸기


  ▶ 준비
    □ 인원 : 두 팀 이상으로 구성
    □ 소요시간 : 1시간


  ▶ 게임방법
    ○ 팀을 구성하고 팀의 이름을 짓도록 한다.
    ○ 출발선과 의자의 거리는 5m 이상이 되도록 놓는다.
    ○ 각 팀의 선수들에게 고무줄을 하나씩 나눠준다.
    ○ 팀이 많을 시에는 첫 번째 시합을 하는 팀에게만 고무줄을 주도록
      한다.
    ○ 출발선에 서서 출발과 동시에 의자를 향해서 최대한 빨리 가서 고
      무줄을 의자 등받침에 걸고 난 후 다시 되돌아온다.
    ○ 마지막 주자까지 전부 고무줄을 걸고 돌아오면 게임은 끝난다.
    ○ 제일 먼저 들어오는 팀에게 100점을 주며 2등 팀은 50점을 준다.
    ○ 세 팀 이상 게임을 할 경우 점수는 1등 200점, 2등 150점, 3등 100
      점, 4등 50점으로 50점씩 차이나 나도록 설정한다.

▶ 응용게임

　ㅇ 짝수 주자는 고무줄을 걸어놓고 돌아오고, 홀수 주자는 걸어놓은 고무줄을 다시 가져온다. 마지막 주자가 먼저 돌아오는 팀이 승리하게 된다.

▶ 운동효과

　ㅇ 민첩성, 순발력, 손과 팔의 협응성, 어깨와 팔의 근육운동, 보행 시 사용 되는 모든 근육사용, 상황 판단력 강화, 협동심 강화

## 집에 가기 전에...

스스로 운동하는 습관을 기르기 위해 프로그램이 끝나기 전에 서로서로 집에서 운동을 하도록 약속합니다.

# 21. Berg Balance 측정하기
### (서른네 번째 시간)

## 가. 활동내용

1) Berg Balance Test (60분)

⇒ 대상자의 균형능력을 알아보기 위하여 실시합니다.

## 나. 활동의 목적

1) 대상자들의 균형능력 향상정도를 알아본다.

2) 균형능력을 향상시킬 수 있는 프로그램을 재계획한다.

## 다. 준비물

Berg Balance Test 설문지, 스텝, 초시계, 색깔 있는 테이프, 손에 잡을만한 물건(쿠션 등), 의자

## 라. Berg Balance Test

⇒ 검사자가 대상자에게 다음의 지시사항을 말한 후 실시하게 하여 실시한 행위에 따라 점수를 매깁니다.

⇒ 별첨2를 참고하여 측정하는 법을 익혀봅시다!!!

# 22. 일상생활 및 우울증 측정하기
(서른 다섯 번째 시간)

가. 활동내용

1) 일상생활측정을 위한 설문조사

2) 우울도 측정을 위한 설문조사

3) 놀이 활동


나. 활동의 목적

1) 대상자의 일상생활능력의 향상정도를 알아본다.

2) 일상생활능력을 향상시킬 수 있는 프로그램을 재계획한다.

3) 운동 강도를 재설정한다.

4) 대상자의 기분(우울도)의 향상정도를 알아본다.

5) 운동량의 감소를 방지하기 위해 놀이를 통해 운동을 유도한다.


다. 준비물

⇒ 설문지, 펜, 찍찍이 와 공, 팀 숫자만큼의 의자, 점수보드

라. 설문내용 및 방법

  1) 일상생활측정방법

    일상생활을 얼마나 독립적으로 혼자서 할 수 있는가를 묻는 설문입니다. 설문지는 K-MBI 설문지를 사용합니다. 15문항으로 이루어져 있으며 대답은 5단계로 할 수 있습니다.

  2) 우울도 측정 방법

    현재 기분(우울상태)을 측정하는 설문입니다. 설문지는 단축형 우울도 설문지를 사용합니다. 15문항으로 이루어져 있으며 최근 2주 동안 기분을 측정하는 것입니다.


마. 놀이 활동

  1) 찍찍이 공받기

  ▶ 준비

    □ 인원 : 각 팀 2명이상 한 팀으로 구성

    □ 소요시간 : 1시간

  ▶ 게임 방법

    ○ 각 팀의 이름을 짓게 한다.

    ○ 각 팀 선수 한 명씩 나와서 의자에 앉는다.

    ○ 찍찍이를 환측 손에 끼고 건측으로 공을 잡는다.

    ○ 제자리에 앉아서 최소 머리 위의 높이로 공을 던져서 환측에 끼고 있는 찍찍이로 받도록 한다.

    ○ 성공한 팀에게는 30점을 준다.

○ 한 명씩 차례대로 각 팀에서 나와 실시한다. (마지막 주자까지 끝나면 다음 게임 방법으로 넘어간다.)

○ 각 팀에서 2명씩 나와 한 사람은 의자에 찍찍이를 갖고 앉고, 한 사람은 공을 가지고 서 있는다.

○ 의자에 앉은 사람은 찍찍이를 두 손으로 잡고, 서 있는 사람은 3m이상 거리에서 공을 던진다. 기회는 두 번이며 공을 받을 시, 20점씩 팀 점수에 추가된다.

○ 이번에는 건측으로 찍찍이를 잡고 서 있는 사람이 같은 방식으로 공을 던져서 성공하면 20점씩 팀 점수에 추가된다. (기회는 단 1회)

○ 건측 후 환측으로 찍찍이를 잡고 서 있는 사람은 같은 방식으로 공을 던져서 성공하면 30점씩 팀 점수에 추가된다. (기회는 2회)

○ 모두 끝난 후 점수 합산으로 우승팀을 가린다.

▶ 운동효과
○ 손목의 스냅을 이용한 전완근의 발달, 어깨 근육강화, 민첩성, 공간 지각력, 정확성 요구, 경쟁심으로 인한 협동심 강화, 손과 팔의 협응성, 이두, 삼두, 삼각근의 발달.

# Section10
# 밴드와 모래주머니운동의 강도증가 2

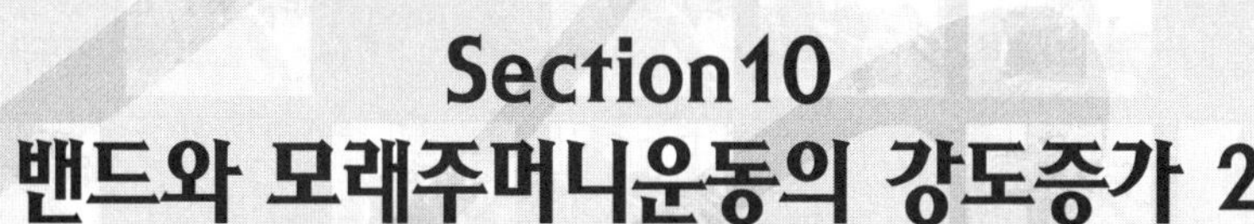

# 23. 일상생활 및 우울증 측정하기
(서른 여섯 번째 −쉰다섯 번째 시간)

가. 활동내용

1) 지난 시간에 배운 것을 연습했는지 확인해 봅시다.

2) 지난 시간 배웠던 밴드운동을 실시합니다. 한 가지 운동방법에 각 15개 씩 3세트로 진행해 봅시다.

3) 밴드운동을 실시한 후 모래주머니운동을 배워 봅시다.

4) 모래주머니운동은 RPE를 참고하여 6번째 수업마다 한 번씩 아래처럼 운동증가를 시킵니다.

| 12개 2세트 | 12개 3세트 | 15개 3세트 |
|---|---|---|

5) 서서하는 운동을 배워 봅시다.

⇒ 대상자들이 균형을 잡을 수 있을 정도로 향상되었다면 일어서서 하 는 운동을 시작하도록 합니다.

나. 활동의 목적

　　1) 관절가동범위운동을 하여 관절의 강직을 예방한다.

　　2) 관절가동범위를 넓혀 일상생활에 도움을 준다.

　　3) 근력운동을 익혀 근기능 향상에 도움을 준다.

　　4) 서서 하는 운동을 배워 보행 및 하지근기능 강화에 도움을 준다.

　　5) 오늘 배운 준비운동을 집에서도 할 수 있도록 한다.


다. 준비물

　　운동을 실시하기 위한 의자 및 배치, 빨간색 밴드, 모래주머니

## 지난 시간에 배운 것을 복습해 볼까요?

1) 지난 시간 배운 모래주머니운동을 복습해본다.(회상)

2) 집에서 실제 운동을 하셨습니까?

3) 집에서 하지 못했다면 이유는 무엇입니까?

# 일어서서 하는 운동을 배워봅시다

## 하체 부분

### ▶ 의자 앉았다가 일어서기

의자 뒤로 가서 의자를 잡습니다. 발을 엉덩이 너비로 벌리고 섭니다. 의자에 앉는 것처럼 엉덩이를 뒤로 빼면서 무릎을 굽힙니다. 굽히면서 숨을 들이마시고 올라오면서 내쉽니다. 무릎을 굽힐 때 엉덩이가 무릎보다 밑으로 내려가지 않게 합니다. 만약 무릎에 문제가 있다면 이 운동을 제안할 필요가 있고, 발 끝 앞으로 무릎이 나오지 않게 합니다. 균형에 문제가 있는 사람이라면 보조자의 도움이 필요하며 보조자의 도움이 있는데도 불구하고 균형을 잡지 못하는 경우에는 이 운동을 제외합니다.

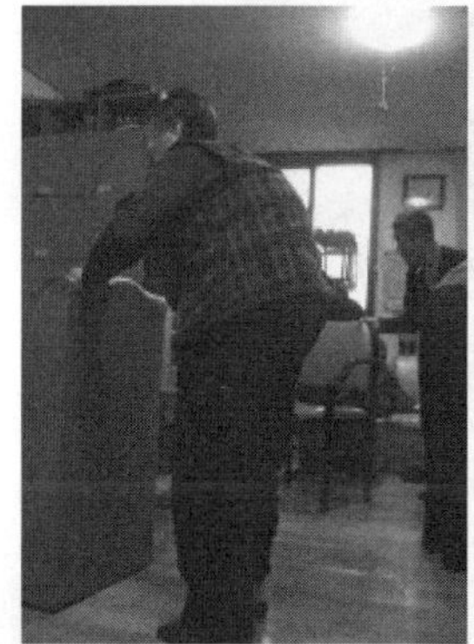
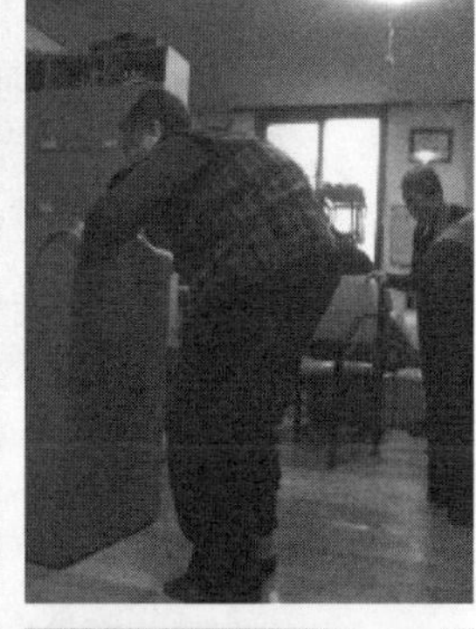
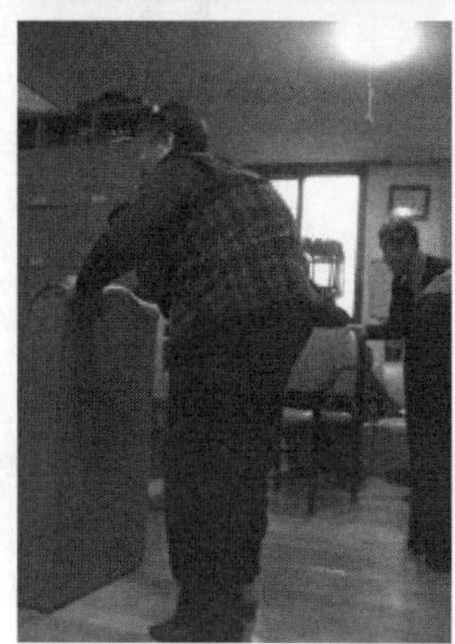
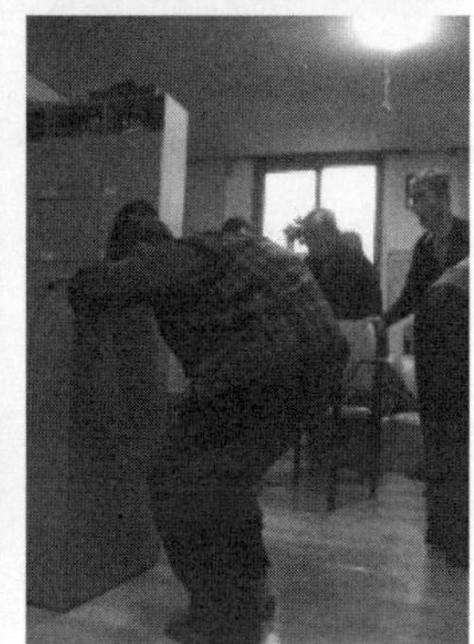

## ▶ 일어서서 발뒤꿈치 들기

의자 뒤로 가서 의자를 잡습니다. 발을 엉덩이 너비로 벌리고 섭니다. 발뒤꿈
치를 들면서 호흡을 내쉽니다. 다시 제자리로 돌아올 때 숨을 들이마십니다. 균
형에 문제가 있는 사람이라면 의자를 잘 잡게 하고 뒤에 보조자가 서 있게 합니
다.

## ▶ 의자잡고 왔다갔다 하기

의자 뒤로 가서 의자를 잡습니다. 발을 어깨 너비로 벌리고 섭니다. 양쪽 다
리에 무게중심을 이동하여 한쪽 다리로 섭니다. 무게중심을 이동하는 동안 숨을
내쉬고 제자리로 돌아오는 동안 숨을 들이마십니다. 균형에 문제가 있는 사람이
라면 의자를 잘 잡게 하고 뒤에 보조자가 서 있게 합니다.

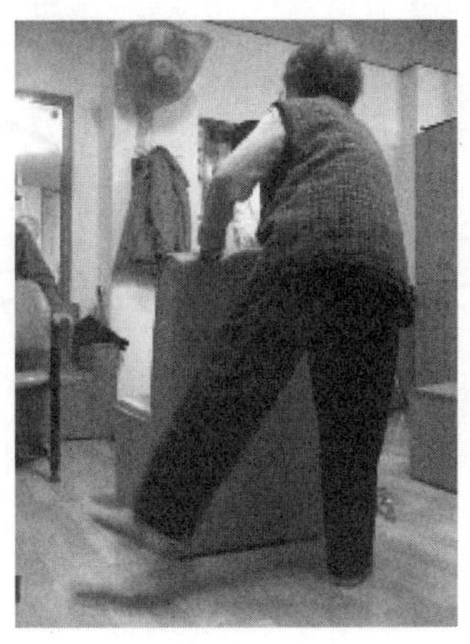

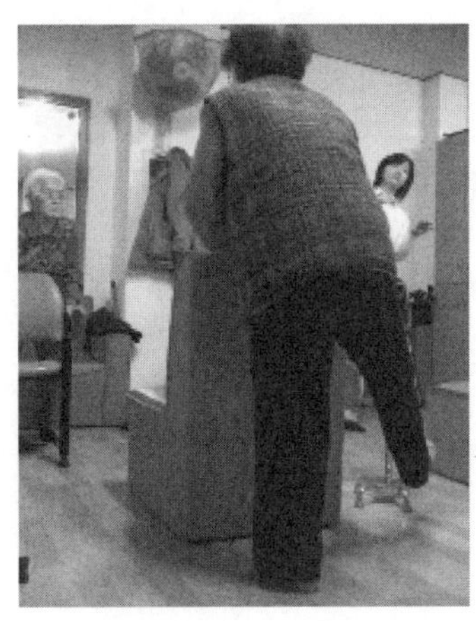

# 집에 가기 전에...

스스로 운동하는 습관을 기르기 위해 프로그램이 끝나기 전에 서로서로 집에서 운동을 하도록 약속합니다.

# Section11
## 사후검사

# 24. 활동체력 측정하기
(쉰여섯 번째 시간)

가. 활동내용

　1) 활동체력 알아보기

　　⇒ 운동 후 활동체력을 알아보기 위한 체력측정을 실시합니다.

나. 활동의 목적

　1) 운동을 마친 후 대상자의 체력수준을 알아본다.

　2) 대상자의 체력수준을 운동전과 비교하여 운동 프로그램의 적절성을 평
　　가한다.

　3) 대상자의 체력수준 향상정도에 따라 프로그램 및 운동의 강도 및 유지
　　를 재설정한다.

다. 준비물

　초시계, 악력계, 덤벨(여자 2kg, 남자 3kg), 간이의자, 50cm자, 고깔, 체
중계, 줄자

라. 활동체력 측정하기

   6) 상지근기능

   7) 하지근기능

   8) 동적 평형성

   9) 정적 평형성

   10) 유연성


⇒ 별첨1을 참고하여 측정하는 법을 익혀봅시다!!!

# 25. 활동체력 측정하기
### (쉰일곱 번째 시간)

가. 활동내용

1) 활동체력 알아보기

⇒ 활동체력 중 전신지구력을 알아보는 6분 걷기를 실시합니다.

나. 활동의 목적

1) 운동 프로그램을 마친 후 대상자의 전신지구력을 알아본다.

2) 대상자의 체력수준을 운동전과 비교하여 운동 프로그램의 적절성을 평가한다.

3) 대상자의 체력수준 향상정도에 따라 프로그램 및 운동의 강도 및 유지를 재설정한다.

다. 준비물

1) 6분 걷기 : 고깔, 초시계, 막대기, 줄자, 펜, 종이

라. 활동체력 측정하기

1) 6분 걷기 ⇒ 별첨1을 참고하여 측정하는 법을 익혀봅시다!!!

# 26. 혈액검사하기
(쉰여덟 번째 시간)

가. 활동내용

1) 혈액검사하기

⇒ 뇌졸중 환자는 고혈압, 고콜레스테롤증, 고지혈증이 문제가 되는 경우가 많기 때문에 혈액검사를 통해 조절해야 하는 수치를 아는 것이 중요합니다.

나. 활동의 목적

1) 운동 후 대상자들의 혈중 지질상태를 알아본다.

2) 운동 후 대상자들의 호모시스테인 농도를 알아본다.

3) 대상자의 호전상태에 따라 운동 프로그램을 평가한다.

4) 대상자의 체력수준 향상정도에 따라 프로그램 및 운동의 강도 및 유지를 재설정한다.

다. 준비

⇒ 가까운 병원이나 혈액을 검사할 수 있는 센터를 찾아 검사를 의뢰합니

다.

   라. 혈액검사
      1) 총 콜레스테롤, 저밀도 콜레스테롤, 고밀도 콜레스테롤
      2) 중성지방
      3) 호모시스테인

# 27. Berg Balance 검사하기
### (쉰아홉 번째 시간)

가. 활동내용

1) Berg Balance Test (60분)

⇒ 대상자의 균형능력을 알아보기 위하여 실시합니다.


나. 활동의 목적

1) 운동 프로그램 실시 후 대상자들의 균형능력을 알아본다.

2) 대상자의 균형능력을 운동전과 비교하여 운동 프로그램의 적절성을 평가한다.

3) 대상자의 균형능력 향상정도에 따라 프로그램 및 운동의 강도 및 유지를 재설정한다.


다. 준비물

Berg Test Balance 설문지, 스텝, 초시계, 색깔 있는 테이프, 손에 잡을만한 물건(쿠션 등), 의자

라. Berg Balance Test

⇒ 검사자가 대상자에게 다음의 지시사항을 말한 후 실시하게 하여 실시
한 행위에 따라 점수를 매깁니다.

⇒ 별첨2를 참고하여 측정하는 법을 익혀봅시다!!!

# 28. 일상생활 및 우울도 측정하기
### (예순 번째 시간)

가. 활동내용

1) 일상생활측정을 위한 설문조사

2) 우울도 측정을 위한 설문조사

3) 마지막 시간의 인사

나. 활동의 목적

1) 운동 프로그램 실시 후 대상자의 일상생활능력을 알아본다.

2) 대상자들의 일상생활능력의 향상정도에 따라 운동 프로그램을 평가한다.

3) 대상자의 기분(우울도)을 알아본다.

4) 대상자들의 기분(우울도)의 향상정도에 따라 운동 프로그램을 평가한다.

다. 준비물

⇒ 설문지, 펜

라. 마지막 시간의 인사

⇒"그 동안 운동 프로그램에 참여해 주셔서 감사합니다."

마지막 시간을 마치기 전 집에서도 꾸준한 운동을 유도하기 위하여 약속의 시간을 갖는다.

# 집에 가기 전에…

스스로 운동하는 습관을 기르기 위해 프로그램이 끝나기 전에 서로서로 집에서 운동을 하도록 약속합니다.

# Section12
## 프로그램을 마치며...

뇌졸중 환자는 일반인들에 비해 뇌졸중의 재발위험이 큽니다. 따라서 예방이 대단히 중요합니다. 첫 번째 뇌졸중이 발생한 후 1년 이내에 또 다른 뇌졸중이 발생할 확률은 10% 정도입니다. 이는 일반인들에 비해 10배 정도 높은 수치입니다. 1년이 넘으면 추가 뇌졸중의 발생 확률은 5%정도로 낮아집니다.

2차 뇌졸중의 발생을 예방하기 위해서는 환자는 자신의 생활습관을 바꿔야 할 수도 있습니다. 어떤 경우에는 약의 복용이나 수술이 필요하기도 합니다. 추가 뇌졸중을 예방하는 방법은 예전에 발생했던 뇌졸중의 종류에 따라 다릅니다. 따라서 이전의 노졸중이 뇌의 출혈에 의한 것인지, 혈액공급의 차단 때문인지 아는 것이 중요합니다.


뇌졸중의 재발을 막는 생활습관은 다음과 같습니다.
- ▶ 금연합니다.
- ▶ 지방과 소금이 적은 식사를 합니다.
- ▶ 체중이 늘어나지 않게 합니다.
- ▶ 규칙적으로 운동합니다.
- ▶ 당뇨가 있다면 식이요법, 약물치료, 혈당수치의 정기적 점검으로 병을 잘 관리해야 합니다.
- ▶ 과음하지 않습니다.
- ▶ 젊은 여성의 경우 경구피임제의 복용을 중단합니다.
- ▶ 정기적으로 혈압을 검사합니다.

# 별첨 1

# 활동체력측정법을 배워봅시다

## 1. 악력

▶ 측정방법

    ○ 대상자는 양발을 어깨 넓이로 벌리고 팔을 자연스럽게 내린 자세를 취하고 엄지손가락은 위에서 잡고 나머지 네 손가락의 중지 제2관절 사이에 대고 손잡이를 잡습니다.

    ○ 검사자의 신호와 함께 측정을 실시합니다. 양쪽 2회씩 실시합니다.

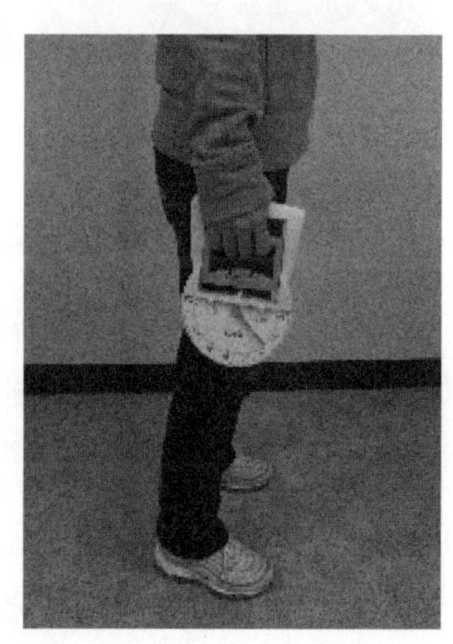

▶ 주의점

    ○ 악력계의 기계 오차와 정확도를 점검합니다.

    ○ 측정할 때 악력계의 문자판이 바깥쪽을 향하도록 합니다.

    ○ 측정 시 오직 팔의 힘만 사용하여야 하며 팔꿈치, 무릎 허리들을 굽히

거나 충동적으로 힘을 가하지 않아야 합니다.

## 2. 상완굴신력

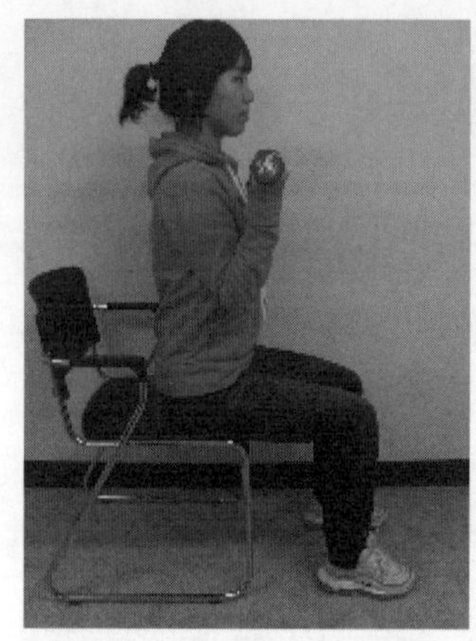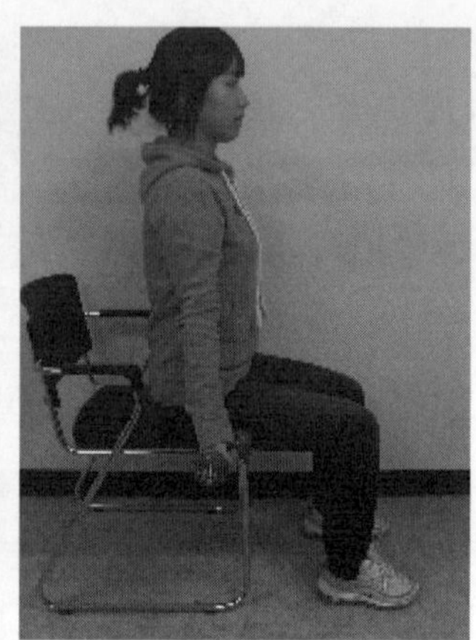

▶ 측정방법

O 허리는 펴고, 발은 바닥에 부치고, 대상자가 편하게 실시할 수 있는 쪽
을 선택하게 하여 선택된 쪽의 가장자리에 가깝게 앉게 합니다.

O 대상자는 덤벨을 악수하는 방법으로 잡게 하여 옆면 아래에서 바닥에
수직이 되게 합니다.

O 아래 지점으로부터 팔을 올리는 동안에 손바닥을 위를 향하게 하여 완
전하게 주먹이 알통에 닿을 정도로 팔을 구부립니다.

O 그 다음 팔은 다시 완전하게 펴서 덤벨이 원래의 지점으로 다시 돌아오
도록 합니다.

O 천천히 시범을 보여주고, 빠른 동작으로 다시 시범을 보여 줍니다. 자

세를 확실히 하기 위해서 덤벨 없이 한두 번 반복 연습시킵니다.

o 시작이란 신호와 함께, 30초 이내에 가능한 많은 횟수를 하도록 합니다.

o 상체는 테스트 동안 계속 고정되어 있어야 합니다.

o 몸에 팔꿈치를 대는 것이 상체 팔의 안정성에 도움이 된다.


▶ 점수

o 30초 동안 실시한 덤벨을 들어 올린 횟수가 점수가 된다.

o 팔이 30초에 중간 지점보다 위에 있다면 들어 올린 횟수로 계산한다.

o 한 번만 실시한다.


▶ 주의점

o 대상자가 고통을 호소하면 검사를 중단한다.

o 피검자가 관절염과 같은 건강상의 문제 때문에 덤벨을 잡을 수 없다면, 모래주머니를 사용할 수 있다.

o 대상자가 정확한 방식으로 한 번의 반복도 너무 무거워할 수 없다면, 더 가벼운 무게로 바꾸어 사용할 수 있다.

o 공식적인 테스트 점수(0점)와 수정된 테스트 점수 모두를 기록한다.

o 테스트를 수행하기 위해 사용된 적용 방식을 점수표의 주석부분에 기입한다.


▶ 준비물

o 초시계, 등받이가 일자인 또는 접을 수 있고 팔 거리가 없는 의자, 여성은 2kg, 남성은 3kg 아령 또는 묶을 수 있는 모래주머니

# 3. 의자에서 앉았다 일어서기

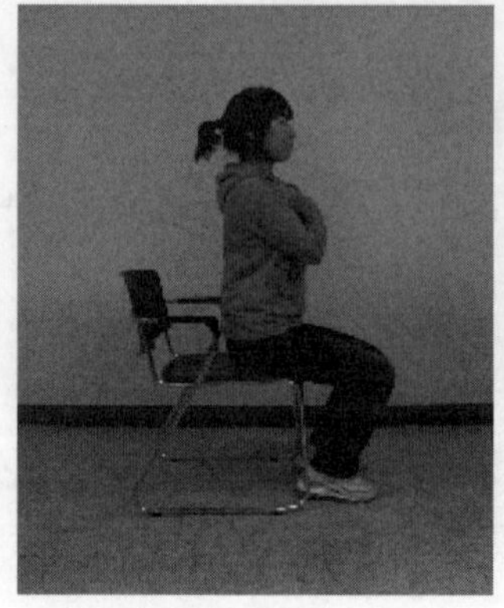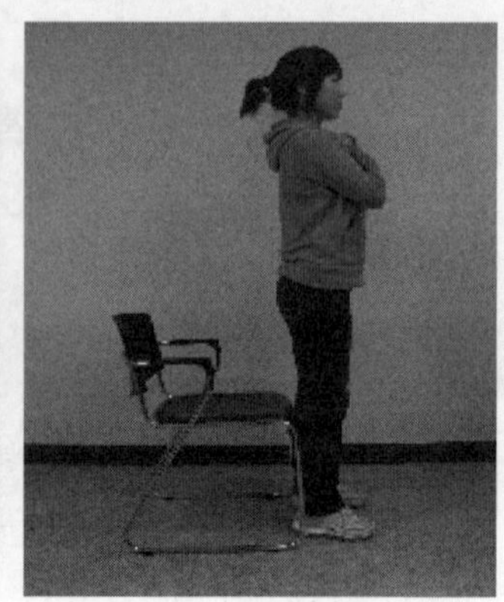

▶ 측정방법

　ㅇ 허리를 펴고 대상자를 의자의 중간부분에 앉힌다.

　ㅇ 발은 바닥에 부친다. 팔은 X자 모양으로 가슴을 껴안는다.

　ㅇ 대상자는 시작이란 신호와 함께 완전히 일어선 다음 다시 완전하게 앉는다.

　ㅇ 30초 이내에 가능한 한 많이 일어설 수 있도록 대상자들을 격려한다.

　ㅇ 적절한 자세를 알려 주기 위해 시범을 보여 준다.

　ㅇ 그때 대상자들에게 안전하게 할 수 있는 가장 좋은 시범을 더 빠른  동작으로 시범해 보여 준다.

　ㅇ 테스트 전에 적당한 자세를 익히기 위해 한두 번 연습하도록 한다.

▶ 점수

○ 30초 이내에 완벽하게 선 자세의 총 횟수가 점수가 된다.

○ 대상자가 마지막 30초에 중간지점보다 위에 있으면, 완벽하게 일어선 것으로 계산한다.

○ 1회만 실시한다.

▶ 주의점

○ 벽에 의자를 고정시키거나 검사자가 의자를 잡는다.

○ 대상자의 균형을 주시해라.

○ 대상자가 고통을 호소하면, 즉시 중단해라.

○ 대상자들이 그들의 손을 이용하지 않고 1회도 일어설 수 없다면, 손으로 의자나 그들의 다리를 밀어 일어설 수 있도록 허락해 주거나, 필요하다면 지팡이나 보조 기구를 사용한다.

○ 수정한 자세로 하였다면, 점수 용지에 그것을 반드시 기입한다.

○ 비록 기록된 점수가 기준과 비교하여 0점일지라도, 개인의 수행능력이 1차 테스트에서 2차 테스트까지 평가될 수 있도록 적용된 점수를 기입한다.

▶ 준비물

○ 초시계, 등받이가 일자인 또는 접을 수 있는 의자. 의자 높이는 약 43cm, 의자는 미끄러질 수 있기 때문에 벽에 기대어 놓는다.

# 4. back scratch(등 뒤에서 손잡기)

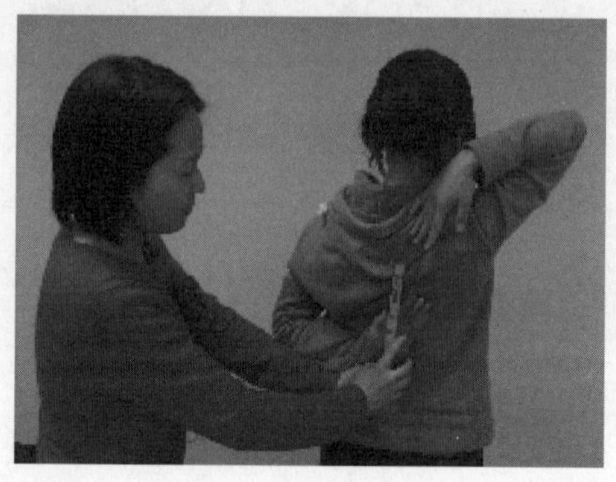

▶ 측정방법

   ○ 대상자는 서 있고, 어깨 위에 선택된 손(뇌졸중 환자의 건측)을 위치시키고, 아래에는 손바닥 그리고 신전된 손가락을 가능한 등의 중간에서 닿도록 한다.

   ○ 팔꿈치가 위로 향하도록 한다. 대상자들에게 손바닥을 먼저 위치시키고 허리의 뒷부분에 다른 쪽 팔을 위치시키게 만들도록 한다.

   ○ 양손가락의 신전된 중지들이 겹치거나 닿을 수 있게 시도하며 가능한 한 멀리 등의 중간 부분의 위쪽으로 도달하게 한다.

   ○ 대상자는 그들이 더 좋은 점수를 얻을 수 있는 쪽을 선택하기 위해서 연습을 해야 한다.

   ○ 테스트 전에 두 번 연습을 하도록 한다.

   ○ 최선의 노력을 했을 때 중지가 각각 다른 곳을 향해 있는지 확인하는 것이 필요하다.

   ○ 대상자의 손의 이동이 없으면, 가장 잘 맞는 위치를 대상자에게 지시

해 준다.
- 대상자들이 그들의 손가락을 움켜잡거나 끌어당기는 행동을 못하게 해야 한다.
- 환측을 사용하지 못하는 경우 무리하게 실시하지 않는 것이 중요하다.

▶ 점수
- 대상자에게 선택된 쪽으로 2번의 워밍업 연습 시도가 주어진 후, 두 번의 테스트 시도를 실행한다.
- 중지들의 끝과 끝 사이의 거리나 겹쳐진 곳 의 거리를 측정한 후, half Inch(cm)에 가장 근접하게 모든 점수를 기록한다. 그때 가장 좋은 점수를 기입한다.
- 중지가 닿지 않았다면 (−)점수로, 중지가 거의 닿았다면 0점으로, 중지가 겹쳐진다면, (+) 점수가 주어진다.
- 한쪽 중지 끝에서부터 다른 쪽 중지 끝까지의 거리는 등 뒤에서 손가락 끝이 올바르게 정렬되어지지 않아도 그 상태를 측정한다.

▶ 준비물
- 50cm 자

# 5. 의자 앉아 앞으로 구부리기

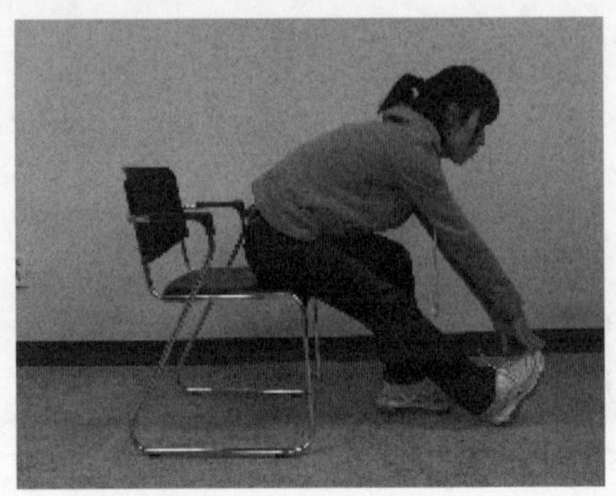

▶ 측정방법

  ○ 팔을 내밀고, 손은 겹치고, 중지를 평평하게 하여 대상자는 천천히 발가락을 지나거나 또는 향하여 가능한 한 멀리 도달하기위해 엉덩이 관절을 구부린다.

  ○ 신전된 무릎이(뇌졸중 환자의 경우 건측의 다리를 신전시키는 것이 유리하다.) 구부러진다면, 대상자에게 무릎이 신전될 때까지 천천히 등을 움직이라고 요청한다.

  ○ 일단 선택된 다리가 측정되어지면, 대상자는 워밍업을 위해 두 번 이상의 연습을 한다.


▶ 점수

  ○ 대상자가 선택된 다리를 사용해 두 번의 시도를 연습한 후, 두 번의 테스트가 실행되어지고 모두 기록한다, 그때 더 좋은 점수를 표기한다.

  ○ 중지손가락의 끝에서 신발 끝부분까지 가장 근접한 halfinch

(centimeter −0.5cm)의 거리를 측정한다.

○ 신발의 위부분의 중간 지점이 0점을 나타낸다, 만약 도달된 지점이 이 지점 보다 짧으면 (−)로 거리가 측정되며, 중지가 도달된 지점이 발가락에 닿으면 0점으로 표기되고, 도달된 지점이 발가락의 중간 지점을 넘으면 (+)로 거리가 측정된다.

□ 주의점

○ 의자가 테스트 동안에 미끄러지지 않게 하기 위해서 벽에 기대어 안전하게 위치시킨다.

○ 대상자들에게 그들이 앞으로 구부릴 때 숨을 내뱉을 것을 상기시키고 급하게 튀는 행동을 하지 말 것을 주의시켜야 한다.

○ 대상자들은 약간 불편한 부위를 스트레칭 해야 한다. 그러나 통증이 있는 부위는 하지 말아야 한다.

○ 심한 골다공증이나 앞으로 구부릴 때 통증을 호소하는 대상자에게 테스트를 실행시키지 않는다.

▶ 준비물

○ 30cm 자, 등받이가 일자인 철제 의자

# 6. 눈뜨고 한발서기

▶ 측정방법

  ○ 피검자는 양손을 허리 위치에 대고 양쪽 발 중 한쪽을 굽히고, 굽힌 쪽 발뒤꿈치가 마루에 일자로서 몸을 유지하는 다른 쪽 다리의 무릎 높이까지 올린 후 측정을 시작한다.

▶ 주의점

  ○ 피검자의 선 발이 움직이거나 무릎이 굽혀졌을 깨, 들어 올린 다리가 땅에 닿았을 때, 허리에서 손을 떼었을 때 초시계를 정지시킨다.

  ○ 뇌졸중 환자의 경우 균형에 문제가 많으므로 보조자가 항상 옆에서 지켜 보아야 한다.

▶ 준비물

  ○ 초시계

# 7. functional reach

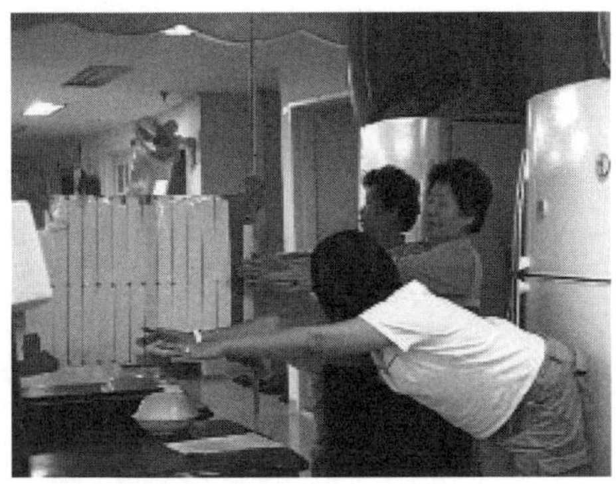

▶ 측정방법

    ○ 벽에 1m(앞 50cm, 뒤 50cm로 하고 중앙을 0으로 한다)의 스케일을 부친다.

    ○ 스케일은 피검자의 어깨 높이에 대응할 수 있도록 5-6 열 준비한다.

    ○ 벽에서 약 15cm 떨어져 서서 벽 측의 팔을 펴 어깨 높이까지 올린다.

    ○ 올린 손은 펴고 편 손의 앞이 0점이 되도록 선 위치를 조절한다.

    ○ 든 팔은 가능한 앞쪽으로 기울여 이 사이의 이동거리를 읽는다.

    ○ 측정은 3회하고, 평균치를 산출한다.


▶ 주의점

    ○ 측정 중에 균형을 잃고 발이 바닥에서 떨어지거나 움직이면 다시한다.

    ○ 들은 손을 앞으로 움직일 때는 스케일에서 위아래로 벗어나지 않도록 평행 이동시킨다.

    ○ 가볍게 1-2회 연습을 한 후 측정을 한다.

ㅇ 피검자가 균형을 잃어 넘어지지 않도록 측정원은 언제나 보조할 수 있
   도록 한다.

▶ 준비물
   ㅇ 1m 줄자

## 8. 244cm up-and-go

▶ 측정방법
   ㅇ 원뿔체 표시한 곳에서 정확하게 8feet(2.44m) 벽 쪽으로 향해 떨어진
      곳에 의자를 위치한다.
   ㅇ 원뿔체의 뒷부분에서부터 의자의 앞 가장자리인 바닥과 수직 교차하는
      지점까지를 측정한다.
   ㅇ 바닥 위에 평평하게 발을 놓고, 대퇴 위에 손을 올려놓고 허리는 편 상
      태로 의자 중간부분에 앉도록 한다.
   ㅇ 앞쪽으로 약간 상체를 굽히는 자세에서 한쪽 발은 약간 다른 쪽 보다
      앞에 있도록 한다.
   ㅇ 출발이란 신호와 함께 대상자들은 의자에서 일어서고, 원뿔체 측면을
      가능한 빨리 걸어 돌아와 의자에 다시 앉는다.
   ㅇ 측정자는 피검자들이 이동을 시작했던지, 이동을 안 했던지 간에 출발
      이란 신호와 함께 시간을 잰다.

▶ 점수

　ㅇ 측정자가 적당한 방식과 pace를 시범하여 설명한 후, 대상자에게 한 번
　　의 연습과 2회 측정한다.

　ㅇ 0.1초에 가장 근접한 점수를 기록하고 가장 빠른 시간을 기입한다.

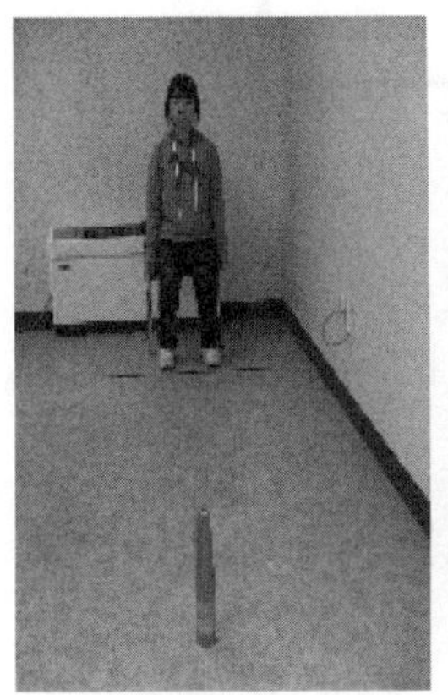  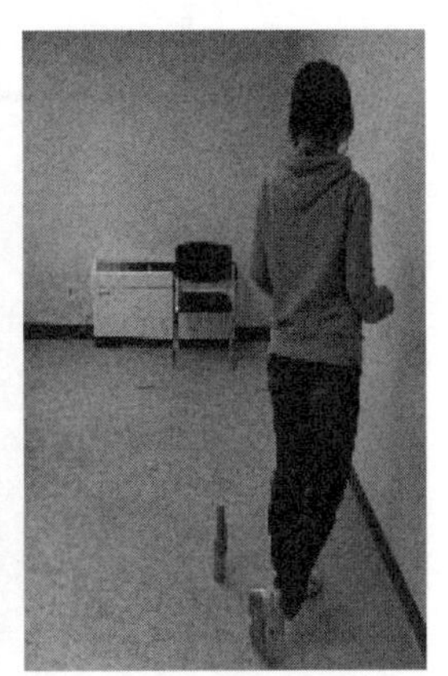

▶ 주의점

　ㅇ 측정자는 균형을 잃을 경우를 대비하여 원뿔체와 의자 사이에 서 있는
　　다.

　ㅇ 보다 허약한 고령자의 경우 안전하게 일어서는지 또는 앉는지를 주시
　　한다.

　ㅇ 필요하다면 지팡이나 보행 기구를 사용할 수 있다. 그러나 기준 점수와
　　비교하지 않는다.


▶ 준비물

　ㅇ 초시계, 앉은 높이가 17in(43.18cm)인 접이 의자, 원뿔체, 줄자

## 9. 6분 보행

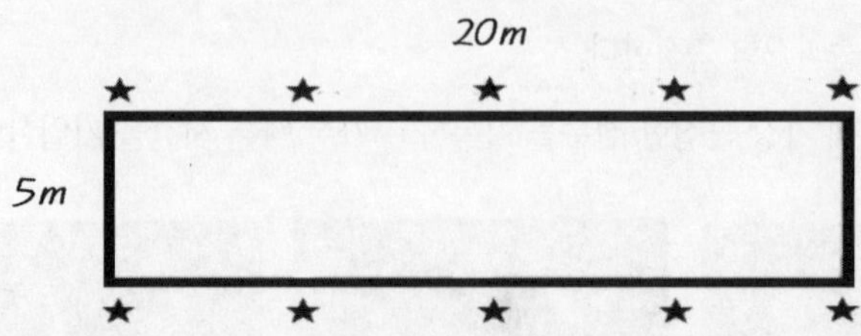



▶ 측정방법

  ○ 50yard(가로:20yard, 세로:5yard), 5yard마다 그 부분에 표시를 한다.

  ○ 측정된 거리의 안쪽 모서리는 원뿔체로 표시를 하고 5yard 지점은 masking tape나 분필로 표시한다. (45.7m 경로를 4.57m 지점마다 표시한 것이다).

  ○ 만약 6분 보행테스트가 유산소 지구력 검사에 이용된다면, 다른 모든 검사가 끝난 후에 실시하도록 한다.

  ○ 2명 또는 그 이상의 피검자들이 모든 준비를 마친 후 검사해야 한다.

  ○ 숙련된 지도자는 점수 계산을 보조하는 사람과 함께 한번에 12명 이상을 검사할 수 있다. 그러나 같은 시간에 6명 정도가 관리하기 쉽다.

  ○ 출발(종료)하는 시각은 대상자들이 그들의 pace로 보행하도록 격려하기 위해 10초간의 시간의 차이를 두어야 하고 대상자들이 밀집되거나 같이 걷지 않도록 지도해야 한다.

  ○ 출발 신호와 함께 대상자는 제한된 6분 안에 가능한 많은 거리를 걷도록 가능한 빠르게, 뛰지 않고 보행을 한다.

  ○ 검사할 동안 2개의 초시계사용을 권장한다. 하나는 움직임을 멈출 경우에 사용한다.

○ 보행한 거리를 알기 위해서, 동행자는 대상자가 한번의 lap을 완주했을 때 stick을 준다. 또는 동행자가 lap을 완주했을 때 채점표에 표시한다.

○ "picket fence"를 사용한다.

○ timer는 대상자가 출발한 후 표시된 공간 안쪽으로 움직여야 한다.

○ pace을 보조하기 위해서, 남은 시간은 보행자가 약 반 정도를 완주할 때 그리고 약 2분 정도 남았을 때 알려 주어야 한다.

○ 대상자들이 힘들면 중간에 휴식을 취하고 멈출 수 있다. 그러나 제한된 시간은 멈추지 않는다.

○ 감독관은 대상자들에게 "매우 잘 하고 있습니다."와 "계속 그 상태를 유지하세요." 이런 격려를 시간마다 해주어야 한다.

○ 6분이 경과한 후, 감독관은 대상자가 멈추기를 요청하고 가까운 5yard 표시점으로 이동시키고. cool down을 위해 몇 분 천천히 걷도록 한다.

▶ 점수

○ 보행자가 멈춰졌을 때 점수를 기록한다. 각각의 popsicle stick은 50yard를 나타낸다.

○ 예를 들어, 대상자가 45yard 다음에서 멈추어졌고 8개의 막대기를 갖는다면 점수는 총 445yard일 것이다.

○ 측정 당일에 1회만 실시한다. 그러나 최대로 정확한 점수와 pacing의 향상을 위해서 테스트에 앞서 6분 보행을 대상자들에게 연습시킨다.

▶ 주의점

○ 미끄러짐이 없는 바닥, 수평하고 빛이 잘 들어오는 지역을 선택한다.

○ 보행하는 공간의 바깥쪽에 여러 개의 의자를 배치한다.

ㅇ 테스트를 못하겠다는 신호를 한 대상자들을 위해 테스트를 중지한다.

▶ 준비물

ㅇ 긴 측정용 끈, 초시계 2개, 4개의 콘(또는 비슷한 모양의 물건),masking tape, 채점자, 개인당 가는 막대 12-15개(보행한 경로를 표시하기 위한 연필이나 용지), 대기자를 위한 의자 1개와 보행한 대상자의 휴식을 위한 의자 1개, 이름표

## 1. Berg Balance Test

### 1) 앉았다가 일어서기

ㅁ 설명

# 별첨 2

# Berg Balance Test를 배워봅시다

○ 손을 쓰지 않고 일어나보게 한다.

(  )4  손을 쓰지 않고 혼자 안전하게 일어설 수 있다.

(  )3  손을 쓰고(한 번 잡고) 혼자서 일어설 수 있다.

(  )2  손을 여러 번 쓰고(잡고) 일어설 수 있다.

(  )1  일어나거나 안정된 자세를 취하기 위해 보조자의 약간에 도움이 필요하다.

(  )0  일어나기 위해서는 보조자가 완전히 잡아 주어야 한다.


2) 지지하지 않고 서 있기

□ 설명

○ 2분 동안 아무것도 잡지 않고 서 있게 한다.

(  )4  안전하게 2분 동안 서 있을 수 있다.

(  )3  발을 조금씩 움직이면 2분 동안 서 있을 수 있다.

(  )2  지지하지 않고 30초 동안 서 있을 수 있다.

(  )1  지지하지 않고 30초 동안 서 있기 위해 여러 번 다리를 움직여야 한

다.

( )0  도움이 없으면 30초 동안 서 있을 수 없다.

○ 만약 지지하지 않고 2분 서 있기가 가능하다면 지지하지 않고 앉아 있

기는 4점을 주고 4번으로 넘어간다..


3) 지지하지 않고 앉아 있기

□ 설명

○ 팔짱을 끼고 2분 동안 앉아 있게 한다.

( )4  2분 동안 안전하고 고정된 자세로 앉아 있을 수 있다.

( )3  관리 하에 2분 동안 앉아 있을 수 있다.

( )2  30초 동안 앉아 있을 수 있다.

( )1  10초 동안 앉아 있을 수 있다.

( )0  도움 없이 10초 동안 앉아 있을 수 없다.


4) 서 있다가 앉기

□ 설명

○ 앉게 시킨다.

( )4  손을 최대한 쓰지 않고 안전하게 앉는다.

( )3  손을 써서 조절하면서 앉는다.

( )2  종아리부분을 의자에 대고 기대면서 앉는다.

( )1  혼자서 앉기는 하나 조절하지 못하고 앉는다. (예– '쿵' 하고 떨어지

듯이 앉는 것)

( )0  도움이 있어야 앉는다.

5) 옮겨 앉기

　□ 설명

○ 옮겨 앉기 위한 의자를 가지런히 배열한다.

○ 이것은 한쪽 방향에서 팔을 최대한 쓰지 않고 앉았다가 다른 방향으로
팔을 최대한 쓰지 않고 옮겨 앉기를 요구한다.

○ 의자 두 개(한 개는 손 받침이 있고 한 개는 없는 것) 또는 침대와 의자
를 사용한다.

(　)4　안전하게 손을 쓰지 않고 방향을 바꿀 수 있다.

(　)3　안전하게 방향을 바꿀 수 있지만 손을 써야지만이 할 수 있다.

(　)2　검사자가 말을 해 주어야 하고 발을 많이 써야 방향을 바꿀 수 있다.

(　)1　한 사람의 도움이 필요하다.

(　)0　두 사람의 관리와 도움이 있어야 안전하다.


6)　눈감고 서 있기

　□ 설명

○ 10초 동안 눈을 감고 서 있게 한다.

(　)4　10초 동안 눈을 감고 안전하게 서 있을 수 있다.

(　)3　관리 하에 10초 동안 서 있을 수 있다.

(　)2　3초 동안 서 있을 수 있다.

(　)1　눈을 감진 않았지만 3초 동안 안전하게 서 있을 수 있다.

(　)0　넘어지지 않기 위해 도움이 필요하다.


4)　발 모으고 서 있기

　□ 설명

○ 아무것도 잡지 않고 발을 모으고 서 있게 한다.

( )4  1분 동안 안전하게 혼자서 발을 모으고 서 있을 수 있다.

( )3  관리 하에 1분 동안 혼자서 발을 모으고 서 있을 수 있다.

( )2  혼자서 발을 모으고 30초 동안 서 있을 수 있다.

( )1  동작을 취하기 위해 도움이 필요하고 15초 동안 발을 모으고 서 있을 수 있다.

( )0  동작을 취하기 위해 도움이 필요하고 15초 이하로 발을 모으고 서 있을 수 있다.

5) 서 있는 동안 양팔을 쭉 뻗쳐 앞쪽으로 닿기

　□ 설명

○ 왼팔을 90도 앞으로 펴고, 손가락을 펴서 앞쪽으로 최대한 뻗친다.

○ 감독관은 피험자가 90도로 팔을 폈을 때 자를 손가락 끝에 댄다.

○ 팔을 뻗었을 때 손가락이 자에 닿지 않게 한다.

○ 최대한 앞으로 굽히는 동안 앞으로 내민 거리를 잰다.

○ 뻗기 위해서 몸통이 틀어질 때 두 손을 사용하도록 한다.

( )4  확실히 앞으로 25cm 이상

( )3  안전하게 12.5cm 이상

( )2  안전하게 5cm 이상

( )1  앞으로 뻗을 수 있으나 관리가 필요할 때

( )0  시도할 때 균형을 잃거나 외부의 도움이 필수적으로 필요할 때

6) 서서 앞에 떨어져 있는 물건 주워오기

　□ 설명

ㅇ발 앞에 있는 신발이나 슬리퍼를 줍는다.

(　)4　쉽고 안전하게 슬리퍼를 주워올 수 있다.

(　)3　관리 하에 슬리퍼를 주워올 수 있다.

(　)2　주워올 수 없지만 혼자서 균형을 잡고 슬리퍼에서 2~5cm까지 가까
　　　이갈 수 있다.

(　)1　주워올 수 없고 시도할 때 관리가 필요하다.

(　)0　시도할 수 없고, 균형을 잃지 않거나 넘어지지 않기 위해 도움이 필
　　　요하다.


7) 서서 뒤를 보기 위해 오른쪽 그리고 왼쪽 어깨너머로 돌기

　□ 설명

　ㅇ 똑바로 왼쪽 어깨 뒤를 보기 위해 돈다. 오른쪽도 반복한다. 감독관은
　　　물건을 잡고 정확하게 뒤를 보기위해 더 잘 돌 수 있게 격려한다.

(　)4　양쪽 모두 뒤쪽을 잘 보고 체중 이동도 잘 한다,

(　)3　오직 한쪽만 볼 수 있고, 다른 쪽은 체중 이동 능력이 떨어지는 것이
　　　보인다.

(　)2　한쪽으로 길을 만들어서 볼 수 있지만 균형을 잃지는 않는다.

(　)1　돌때 관리가 있어야 한다.

(　)0　균형을 잃거나 넘어지지 않게 도움이 필요하다.


8) 360도 돌기

　□ 설명

　ㅇ 완전하게 원 주변을 돌게 한다. 쉬었다가 다른 방향으로 원을 돌게 한
　　　다.

(  )4  360도를 안전하게 4초안에 돌 수 있다.

(  )3  360도를 한 방향으로만 4초 안에 돌 수 있다.

(  )2  360도를 돌 수 있으나 느리게 돈다.

(  )1  최소한의 관리나 말로만 신호를 보내는 것이 필요하다.

(  )0  도는 동안 도움이 필요하다.


9)  서서 step이나 발판에 번갈아 발 올려놓기

　□ 설명

　O 각각의 발을 step이나 발판에 올려놓는다. 각각의 발이 step이나 발판
　　에 네 번씩 닿을 때까지 계속한다.

(  )4  혼자서 설 수 있고, 안전하고 완전하게 8번 스텝을 20초 안에 할 수
　　있다.

(  )3  혼자서 설 수 있고, 완전하게 8번 스텝을 하는데 20초 이상 걸린다.

(  )2  완전하게 4스텝을 도움이 없는 관리 하에 할 수 있다.

(  )1  최소한의 도움으로 2스텝 이상을 할 수 있다.

(  )0  넘어지지 않기 위해서나 시도를 할 때 도움이 필요하다.


10)  한 발 앞에 다른 한 발을 놓고 서 있기

　□ 설명

　O (시범이 필요하다) 한 발 앞에 다른 한 발을 똑바로 놓는다.

　O 정확하게 다른 발을 앞으로 놓지 못하는 것을 느낀다면, 충분히 멀리
　　놓고 앞발의 뒤꿈치는 다른 발의 뒤꿈치를 향하게 한다.

　O 3점을 받기 위해, 스텝의 범위는 다른 발의 범위를 넘고 한 족장의 범
　　위는 중간정도의 한족장의 범위에 가깝게 한다.

(  )4  혼자서 발을 앞뒤로 일렬로 놓고 30초 동안 서 있을 수 있다.

(  )3  혼자서 발을 전방에 두고 30초 동안 서 있을 수 있다.

(  )2  혼자서 약간에 스텝을 갖고 30초 동안 서 있을 수 있다.

(  )1  스텝이 필요하지만 15초 동안 서 있을 수 있다.

(  )0  스텝을 하고 있거나 서 있을 때 균형을 잃는다.


11) 한 발로 서 있기.

ㅁ 설명

ㅇ 아무것도 잡지 않고 한 발로 가능한 오래 서 있게 한다.

(  )4  혼자 다리를 뗄 수 있고, 10초 이상 버틸 수 있다.

(  )3  혼자 다리를 뗄 수 있고, 5~10를 버틸 수 있다.

(  )2  혼자서 다리를 뗄 수 있고 3초 이하를 버틸 수 있다.

(  )1  다리를 떼서 3초 동안 있어보려고 하지만 할 수 없다, 그러나 혼자
       서 서 있을 수 있다.

(  )0  넘어지지 않기 위해 도움이 필요하거나 시도를 할 수 없다.


## 1. 일상생활기능(ADL)

* 할 수 없다 : 1, 매우 어렵다 : 2, 약간 어렵다 : 3, 잘 한다 : 4


1. 혼자서 식사하실 수 있습니까? (1, 2, 3, 4, 5)

# 별첨 3

# 설문지를 알아봅시다

2. 혼자서 누웠다가 일어나고 의자에 앉을 수 있습니까? (1, 2, 3, 4, 5)

3. 혼자서 용모를 단정히 할 수 있습니까? (개인위생: 세수, 이 닦기, 면도, 화장 등) (1, 2, 3, 4, 5)

4. 혼자서 화장실을 사용할 수 있습니까(대변/소변)? (1, 2, 3, 4, 5)

5. 혼자서 목욕할 수 있습니까? (1, 2, 3, 4, 5)

6. 혼자서 걸을 수 있습니까? (1, 2, 3, 4, 5)

7. 혼자서 계단을 오르내릴 수 있습니까? (1, 2, 3, 4, 5)

8. 혼자서 옷을 입고 벗을 수 있습니까? (1, 2, 3, 4, 5)

9. 혼자서 전화를 사용할 수 있습니까? (1, 2, 3, 4, 5)

10. 혼자서 차를 타고 나들이 할 수 있습니까? (1, 2, 3, 4, 5)

11. 혼자서 식료품이나 필수품을 사러 갈 수 있습니까? (1, 2, 3, 4, 5)

12. 혼자서 식사준비(음식조리)를 할 수 있습니까? (1, 2, 3, 4, 5)

13. 혼자서 집안일들을 할 수 있습니까? (1, 2, 3, 4, 5)

14. 혼자서 자신의 약을 챙겨 먹을 수 있습니까? (1, 2, 3, 4, 5)

15. 당신의 돈을 혼자서 직접 관리할 수 있습니까? (1, 2, 3, 4, 5)

# 2. Short Form of GERIATRIC DEPRESSION SCALE (SGDS)

▶ 지난 일주일 동안의 느낌을 생각하시면서 대답해 주시기 바랍니다.
  (답변 옆 숫자가 점수)

1. 근본적으로 생활에 만족하십니까?　　　　　　□ 예0　□ 아니오1

2. 활동이나 흥미가 떨어졌습니까?　　　　　　　□ 예0　□ 아니오1

3. 인생이 허무하다고 느끼십니까?　　　　　　　□ 예0　□ 아니오1

4. 자주 지루하다고 느끼십니까?　　　　　　　　□ 예0　□ 아니오1

5. 대부분의 생활이 활기에 차 있습니까?　　　　□ 예0　□ 아니오1

6. 무엇인가 나쁜 일이 일어날까봐 불안하십니까?　□ 예0　□ 아니오1

7. 대부분의 생활이 행복하다고 느끼십니까?　　　□ 예0　□ 아니오1

8. 자주 무기력함을 느끼십니까?　　　　　　　　□ 예0　□ 아니오1

9. 밖에 나가 새로운 일을 하는 것보다 집에 있는 것이 좋습니까?

　　　　　　　　　　　　　　　　　　　　　　□ 예0　□ 아니오1

10. 다른 사람에 비해 기억력이 더 떨어졌다고 느끼십니까?

　　　　　　　　　　　　　　　　　　　　　　□ 예0　□ 아니오1

11. 지금 살아 있다는 사실이 놀랍다고 생각하십니까?　□ 예0　□ 아니오1

12. 현재의 생활방식이 매우 가치없다고 느끼십니까?　□ 예0　□ 아니오1

13. 기력이나 정력이 가득 차 있다고 느끼십니까?　　□ 예0　□ 아니오1

14. 지금 처해 있는 상황이 절망적이라고 느끼십니까?　□ 예0　□ 아니오1

15. 대부분의 사람들이 당신보다 더 잘 살고 있다고 생각하십니까?

□ 예0   □ 아니오1

총점수 __________


▶ 각 항목의 수를 더하여, 8점 이상이면 우울증을 의심할 수 있는 상태임.